D1206225

Ramiro A. Calle

Yoga para niños

Ilustraciones de Miguel Herranz

editorial airós

Título original: Yoga para niños

© 2013 by Ramiro Calle
© de la edición en castellano:
2014 by Editorial Kairós, S.A.
Numancia 117-121, 08029 Barcelona, España
www.editorialkairos.com

Fotocomposición: Beluga & Mleka, Córcega, 267. 08008 Barcelona
Ilustraciones: Miguel Herranz
Fotografías: Renato Glinoga
Impresión y encuadernación: Índice. Fluvià, 81-87. 08019 Barcelona

Primera edición: Mayo 2014
ISBN: 978-84-9988-372-4
Depósito legal: B 5.774-2014

Para mi querido y admirado amigo
el doctor Rafael Rubio, formidable profesional
y bella persona, dando siempre a los demás
lo mejor de sí mismo. Me siento muy afortunado
por contar con su valioso afecto y amistad

La práctica del yoga
facilita la concentración en el estudio
y elimina la agresividad, el estrés y las tensiones.

Sumario

Introducción   **13**

   Beneficios del yoga para los niños   **19**
   Aprendiendo a estirarse   **29**
   Aprendiendo a respirar   **35**
   Aprendiendo a relajarse   **39**
   Aprendiendo a concentrarse   **43**
   El saludo al sol   **47**

PROGRAMAS PARA LA PRÁCTICA   **57**
   Primer programa   **59**
   Segundo programa   **67**
   Tercer programa   **76**
   Cuarto programa   **84**
   Quinto programa   **92**
   Sexto programa   **99**
   Séptimo programa   **105**
   Octavo programa   **113**
   Noveno programa   **121**
   Décimo programa   **129**

Undécimo programa   **136**
Duodécimo programa   **142**
La práctica de la relajación   **149**
La práctica de la concentración   **156**

Conclusión   **165**
Apéndice   **169**
Índice alfabético   **175**

Agradecimientos

Mi gratitud para todo el magnífico y eficiente equipo que forman las personas de la Editorial Kairós. Siempre estoy agradecido a mi buen amigo y formidable periodista Jordi Jarque por su cariño y cooperación. Gracias a ese asiduo y excelente practicante de yoga e incondicional amigo que es Antonio García Martínez. Siempre estoy en deuda con los alumnos del centro de yoga que dirijo, Shadak, por la confianza que depositan en mis enseñanzas. Por su leal y consistente apoyo en la difusión de mis actividades orientalistas y literarias, mi inmenso agradecimiento para ese genial gacetillero y persona fundamentalmente bondadosa que es Jesús Fonseca.

Introducción

El yoga es un método integral de mejoramiento humano. Al decir integral, me refiero a que sus antiquísimos procedimientos de autodesarrollo alcanzan tanto al cuerpo como a la mente y al comportamiento, además de a todas las energías y las funciones psicofísicas. En este sentido, el yoga es único en la historia de la humanidad. Han existido y existen muchos métodos de autoconocimiento y autoperfeccionamiento, pero el yoga es el único que dispone de un impresionante y colosal arsenal de técnicas para el mejoramiento y la armonización del cuerpo, la mente, el sistema emocional y el carácter.

El yoga tiene una antigüedad de más de 5.000 años y es originario de la India. En las últimas décadas, se ha propagado su enseñanza por la gran mayoría de los países y han surgido así gran número de institutos, escuelas y centros en los que se imparte yoga.

El yoga es una ciencia integral de la salud, una psicología práctica, una actitud de vida, una medicina natural y un solvente método para acopiar las energías dispersas. Incluye un gran número de técnicas psicofísicas y psicomentales para hacer posible el mejoramiento humano. Estas técnicas tienen un alcance preventivo, terapéutico y recuperativo, pero el yoga no es solo una terapia natural, sino, básicamente, un método de autorrealización.

Aunque el yoga como tal es uno, existen muchas ramas o modalidades de yoga, siendo dos de ellas, el yoga psicofísico (*hatha-yoga*) y el yoga mental (*radja-yoga*), las dos categorías más practicadas, sobre todo la primera de ellas, que consiste en:

- Posturas corporales para provocar estiramiento y masajes.
- Ejercicios de control respiratorio para incrementar las energías y armonizar el cuerpo y la mente.
- Métodos de relajación neuromuscular y mental.
- Técnicas de control neuromuscular y de higiene.

Por su parte, el yoga mental incluye:

- Técnicas de concentración, para aprender a fijar la mente y reeducarla.
- Técnicas de meditación, para desarrollar metódica y armónicamente la atención y otras funciones y potencias de la mente.
- Procedimiento de autoconocimiento.

Todas las técnicas del yoga están al alcance de cualquier persona y pueden ser practicadas por niños y ancianos, sanos y enfermos, siendo en este último caso necesaria la supervisión del especialista. Pero no hay persona que no pueda beneficiarse de la práctica del yoga. El yoga físico no exige apenas esfuerzo cardiaco y cada persona efectúa sus métodos de acuerdo con su capacidad y grado de entrenamiento. En el yoga no se conoce el talante competitivo. Resulta, por supuesto, el método más eficiente para eliminar tensiones, agresividad, contracturas, estrés (incluido el escolar) y nerviosismo (tan frecuente en muchos niños y adolescentes), y no es por ello de extrañar que el doctor Behanam –tras someterse él mismo a un ejercitamiento intensivo de yoga– declarase que el yoga como método de relajación es insuperable.

Cualquiera puede, incluso en su hogar, llevar a cabo la práctica del yoga, pues no se requiere más que un pequeño espacio tranquilo donde poder arrojar al suelo una manta doblada o una esterilla. Se trabaja con el propio cuerpo y con la propia mente. Se necesita tan solo la firme resolución de practicar y hacerlo con alguna asiduidad.

En nuestro país, son muchas decenas de miles las personas que practican yoga, y entre ellas más de un 60% son mujeres. Muchos de estos practicantes tienen hijos y, comprobando ellos mismos, por experiencia propia, los beneficios y las excelencias del yoga, muy a menudo me han preguntado cómo es posible que no haya buen número de lugares donde se imparta la enseñanza a los niños y adolescentes, y, más aún, cómo es posible que, resultando tan beneficioso el yoga, no se incorpore a las escuelas. Pero, así como en Estados Unidos y en otros países, desde la década de los 1960 se ha impartido el yoga a muchos niños y adolescentes, incluso en colegios y campamentos de verano, en nuestro país una gran mayoría de practicantes de yoga son adultos, aunque también los hay muy jóvenes. En nuestro centro de yoga, con casi tres décadas de experiencia, hemos impartido clases de yoga físico y mental a gran número de adolescentes y niños, a partir de los 8 o 9 años, que se integran por lo general perfectamente a los grupos de adultos. En cambio, para niños más pequeños, es aconsejable adaptar las clases solo para ellos, o que los padres practiquen con ellos en casa. Como veremos, cuando se trata de niños de menos de 8 o 9 años, es más aconsejable adaptar las técnicas a los practicantes y ofrecer programas de yoga psicofísico más ágiles, para evitar, por supuesto, que el niño se aburra.

Cualquier edad es buena para comenzar a practicar el yoga, tanto si se es un niño como si se es una persona mayor. Nunca es demasiado pronto y nunca es demasiado tarde. He impartido durante cinco años yoga en la Universidad Autónoma de Madrid a innumerables jóvenes, y en colaboración con la profesora de yoga

Almudena Haurie, también he dado clases durante varios años a personas mayores en las Aulas de la Tercera Edad. Ello me ha permitido comprobar hasta qué grado la práctica del yoga es beneficiosa para todo el mundo, sea cual sea la edad que se tenga.

El yoga es un amplio cuerpo de enseñanzas, actitudes, métodos y técnicas para acelerar la evolución del ser humano, por un lado, y para procurarle bienestar, por otro. Si la salud es el «bienestar completo físico, mental y social», puede asegurarse de que el yoga es una fuente de salud total. Sin apego, pero con perseverancia, el yogui trabaja sobre su cuerpo, su mente y su conducta, para beneficio propio y para beneficio de los demás. *Yoga* es un término (*yugo*, en castellano) que quiere decir "unión", puesto que, a través de su práctica, la persona favorece la unión con lo mejor de sí misma y con las otras criaturas.

RAMIRO A. CALLE

Beneficios del yoga para los niños

El yoga físico es especialmente aconsejable para los niños. Mediante el mismo, el niño aprenderá a:

- Estirarse.
- Respirar.
- Relajarse.

Asimismo, pueden aplicarse al niño algunas técnicas sencillas de concentración, para que aprenda a ir dominando su mente. Con lo cual también aprenderá a concentrarse.

¿Cuándo comenzar con la práctica del yoga? Los maestros que he tenido ocasión de consultar en la India me han asegurado que a partir de los 7 u 8 años, aproximadamente. Desde esta edad, el niño ya puede practicar las posturas del yoga que son habituales en programas para adultos, pero será aconsejable hacerlas un mayor número de veces, manteniéndolas menos tiempo, para agilizar la práctica y evitar el aburrimiento y, también, porque el niño, a esas edades, suele ser muy activo (y nervioso), y si mantiene demasiado las posturas puede experimentar tedio, sobre todo en las primeras lecciones. Los programas para el niño deben ser atractivos, ágiles, variados e incluso divertidos. Los niños que comiencen a practicar antes de la edad indicada deben ser instruidos a modo de juego, impartiendo a la práctica un gran sentido lúdico. La madre o el padre deben practicar con ellos, planteando las clases como un divertido juego cuando se trata de niños tan pequeños, haciéndoles asumir la postura como si estuvieran imitando a un gato o a otro animal. Los padres harán la postura y le dirán al niño que trate de imitarla; también le pueden tocar y colocar el cuerpecito, sin forzar, en la postura seleccionada. Los niños, pues, que comienzan a practicar con menos de 7 u 8 años requieren una atención especial y programas muy singularmente aplicados a ellos, donde el papel de los padres es esencial. Para la relajación, uno de los padres, a la vez que va enumerando las distintas zonas del cuerpo, puede ir tocando al niño por áreas y pidiéndole que se sienta como un muñeco de trapo totalmente suelto.

Los programas incluidos en esta obra están dirigidos a niños con más de 7 u 8 años, pero los padres que lo deseen podrán aplicarlos, con sumo cuidado y agilizándolos aún más (y presentándolos como un divertido juego), a niños más pequeños, dejando a su inspiración el modo de captar al niño y divertirle lo suficiente para que vaya adoptando las distintas posiciones del cuerpo. Con niños tan pequeños, bastará con que aprendan a practicar la respiración abdominal, poniéndose su propia mano en el vientre, para comprobar cómo este se mueve al respirar de ese modo.

No hay un niño que no pueda beneficiarse con el yoga físico. De hecho, el niño hallará en el yoga físico todavía más beneficio que el adulto y, además, si se habitúa saludablemente a su práctica, ya jamás la abandonará, y de adulto encontrará un gran placer en llevarla a cabo.

El yoga desempeña un papel muy importante para prevenir y ayudar a combatir trastornos habituales en niños y adolescentes como los relacionados con la alimentación (innumerables trastornos del apetito, sin olvidar la bulimia y la anorexia), las alteraciones de la estática y del crecimiento, los traumatismos por la hiperactividad propia de la edad, las alteraciones psíquicas, los trastornos de relación con los padres u otros niños, las perturbaciones emocionales varias, los trastornos derivados de la escolaridad o estrés escolar y tantos otros. Las técnicas del yoga se extienden a todo el organismo y, actuando tanto sobre el cuerpo como sobre la mente, mejoran el rendimiento psicosomático, armonizan cuerpo y mente (mejorando la interconexión entre ambos) y disciplinan y fortalecen el carácter. Los niños y adolescentes pueden

canalizar parte de su nerviosismo de manera construc-
tiva con la práctica del yoga físico, aprendiendo a co-
nocer vivencialmente su cuerpo y pudiendo neutralizar
la agitación psicosomática y el exceso de agresividad.
Todas las técnicas del yoga físico tranquilizan el sistema
nervioso y pacifican las emociones.

Lo ideal es que el niño practique yoga dos veces por
semana, pero, de no ser posible, puede hacerlo una
vez a la semana. Ni qué decir tiene que cuanto más
asiduamente lo practique, antes se familiarizará con las
técnicas del yoga y antes encontrará más placer en su
práctica. Es preferible que los niños pequeños practiquen
con sus padres o con otros niños o con hermanos, si los
hubiere. La sesión de yoga debe durar, aproximadamente, de 30 a 40 minutos (la de un adulto suele durar, una
hora o incluso hora y media) y puede estructurarse de
la siguiente forma:

- La ejecución de las posturas del yoga selecciona-
  das.
- Unos minutos de práctica de ejercicios de control
  respiratorio.
- La práctica de la relajación, durante unos 4 o 5 minutos.

De haber tiempo, el niño puede aplicar un ejercicio de
concentración o meditación unos minutos.

Es aconsejable que, entre postura y postura, el niño efectúe una pausa de relajación de 30 o 45 segundos.

Es muy importante que el instructor anime al niño, le dé las explicaciones oportunas y le estimule diciéndole lo bien que lo está haciendo y cuánta flexibilidad está obteniendo, pero haciéndole comprender que no se trata de hacer esfuerzos intensos, sino moderados y persistentes. Hay que corregirle con simpatía, sin que él pueda sentir que las correcciones son coercitivas, para que no les coja antipatía. Por supuesto, y como he hecho saber a innumerables padres, jamás hay que imponer la práctica del yoga al niño, pues en ese caso sentirá rechazo y, por ello mismo, puede que jamás le dé una oportunidad al yoga. Hay que pedirle que pruebe, con razonamientos oportunos, o invitarle a que practique con los propios padres, siempre utilizando argumentaciones de acuerdo con su edad.

En las experiencias de yoga llevadas a cabo con niños, se ha puesto de manifiesto que lograban tranquilizarse extraordinariamente mediante su práctica y que incluso los más nerviosos o agitados se calmaban. Cuando su nerviosismo o alteraciones emocionales eran la causa de sus fracasos escolares, practicar yoga les ayudaba a mejorar su rendimiento escolar y se sentían más motivados con los estudios y menos tensos con los mismos.

Los niños con graves alteraciones psicológicas o que

padecen autismo o psicosis muestran mayor simpatía por el yoga que por cualquier tipo de gimnasia. Para niños pusilánimes o débiles, que rechazan la gimnasia, el yoga es una práctica ideal, pues al no ser competitivo, sino, todo lo contrario, les invita a sentirse a gusto consigo mismos. También ha demostrado ser una práctica excelente para niños con algún retardo mental o con síndrome de Down. El yoga físico, además, puede resultar altamente beneficioso en niños con poliomelitis o con mala coordinación en sus miembros.

También sus técnicas de control respiratorio son excepcionales para los niños y adolescentes con cualquier disfunción del aparato respiratorio. Pero, además, se ha comprobado que la práctica del yoga mejora el rendimiento intelectual, potencia la atención y desarrolla la memoria. Asimismo, la práctica del yoga es muy favorable para el niño superdotado, que tiene problemas precisamente por su elevado coeficiente de inteligencia y para niños y adolescentes emocionalmente inestables, compulsivos, desmedidamente rebeldes, con padecimiento de insomnio o terrores nocturnos, tics, tartamudeo y otras anomalías.

El yoga también mejora el comportamiento del niño, estabiliza su carácter, clarifica su visión, intensifica su capacidad de percepción, mejora en todos los órdenes su tono neuromuscular, equilibra su afectividad, intensifica su capacidad de concentración y le permite sentirse mejor consigo mismo, más armónico. Las posturas del yoga, sin duda, armonizan el desarrollo motor-sensorial y mejoran el equilibrio y la coordinación corporeidad-mente. Los niños con marcados trastornos de la afectividad o de la psique pueden practicar con gran beneficio el yoga asistidos por su psicólogo, como terapia coadyuvante. Por otro lado, y con el discurrir de los años, la filosofía del yoga, basada en el respeto, la tolerancia, la no-violencia, el amor y la compasión, irán incorporándose a la psique del adolescente a medida que se vaya convirtiendo en un jovencito. Aprovecho aquí para decir que jamás el niño o el adolescente debe recibir la enseñanza de un yoga tintado por doctrinas o adoctrinamientos (distanciarse de todo yoga impartido por instructores con adoctrinamientos hindúes o de cualquier otro tipo), sino la de un yoga aséptico y sin ningún tipo de doctrina religiosa. Que no vea el niño ningún tipo de solemnidad o excesivo rigor o seriedad, aunque es bueno hacerle comprender que, si practica con atención las técnicas, estas le serán más beneficiosas. Es importante que vaya aprendiendo a sentir su cuerpo, a conocerlo con la experiencia y a familiarizarse con sus sensaciones y movimientos. Hay que hacerle entender que el yoga le hará sentirse mucho mejor, más contento y ligero; en suma, más alegre y feliz. Cuando se aproxima la época de exámenes, las técnicas del yoga físico serán muy tranquilizantes para estos pequeños practicantes.

La experiencia me ha demostrado que cuando los niños y niñas son pequeños (menores de 7 años) es mejor que el educador, el instructor o la madre o el padre ejecuten también las posturas, para que el niño no solo las vea, sino que se sienta ligado al maestro, pues también en las sesiones de yoga surge la transferencia, y cuanto más se identifique el niño con el instructor y sienta que ambos están compartiendo y pasándolo bien con la práctica, mejor. Asimismo, hay que considerar que niños menores de 10 años (aunque tal situación varía según el temperamento o el carácter de los pequeños) suelen, al principio, mostrarse agitados en las clases, les cuesta mantener la postura o la sesión puede resultarles monótona, razones por las que hay que agilizar las sesiones, máxime cuanto menos edad tengan los practicantes. El profesor no debe ser rígido ni impositivo en la enseñanza, sobre todo con niños pequeños, sino paciente, y ha de permitirles que a veces se muevan de aquí para allá.

La presente obra incluye cuatro capítulos informativos sobre las técnicas del yoga:

- Aprendiendo a estirarse (a partir de las posturas del yoga, llamadas *asanas*).
- Aprendiendo a respirar.
- Aprendiendo a relajarse.
- Aprendiendo a concentrarse.

A estos capítulos sigue una serie de tablas o programas sumamente prácticos, en los que se incluyen las más importantes y beneficiosas posturas, ejercicios respiratorios y de relajación. También hay un sucinto capítulo dedicado a los ejercicios de concentración y meditación que el niño puede ir aprendiendo a partir de los 10 u 11 años de edad. Ni qué decir tiene que, con las posturas expuestas en estos programas, el practicante puede configurar muchas otras tablas, pues se pueden hacer numerosísimas combinaciones, así como alargar o acortar el tiempo de la sesión, aumentando o restando posturas.

En cuanto a la práctica del yoga, tanto al niño como al adulto, hay que hacerle entender que la clave del éxito siempre depende de la asiduidad y de la disciplina en la práctica.

Aprendiendo a estirarse

Entre las numerosas técnicas del yoga físico, destacan las posturas corporales (*asanas*). Son muy numerosas y le hacen adoptar al cuerpo las posiciones más diversas. Todas se complementan y se encargan de ejercer influencia benéfica sobre todo el organismo, sus funciones y energías, sin que ninguna de ellas sea ineficaz.

Todas las posturas del yoga se mantienen desde varios segundos hasta más de un minuto, según la postura. En los niños y adolescentes no debe mantenerse la postura tanto tiempo como en el adulto, a fin de evitar aburrimiento y agilizar la tabla que se quiere practicar. Cada persona hace la postura hasta donde buenamente pueda, sin excederse en el esfuerzo. El niño debe hacer un esfuerzo moderado y conducir la postura hasta donde le sea posible, ejerciendo así un estiramiento razonable.

Las posturas trabajan sobre el cuerpo sirviéndose de estiramientos mantenidos y masajes o presiones de gran precisión. A menudo, en una postura se producen simultáneamente el estiramiento y el masaje.

Los estiramientos mantenidos son muy beneficiosos, especialmente para el niño. Entre otros, se derivan los siguientes efectos positivos:

- Alargan y flexibilizan el músculo.
- Favorecen la espina dorsal y los músculos y los nervios de todo el cuerpo.
- Vigorizan la musculatura.
- Irrigan de sangre el músculo y mejoran su tono y resistencia.
- Desbloquean, eliminan crispaciones y tensiones e inducen a la relajación profunda y reparadora.
- Favorecen en el niño todo el desarrollo neuromuscular.
- Disipan la excesiva tensión motriz.

Por su parte, los masajes y las presiones (que actúan a modo de acupuntura natural) tienen los siguientes beneficios:

- Activan el funcionamiento de todos los órganos internos.
- Estimulan los plexos nerviosos.
- Mejoran el riego sanguíneo, perfeccionando el sistema circulatorio.
- Regulan el funcionamiento glandular, perfeccionando el sistema endocrino.
- Tonifican las venas y las arterias.

Estiramientos y masajes, pues, serán de gran beneficio, precisamente, para el niño y el adolescente. Los estiramientos son mantenidos, porque de ese modo ejercen una influencia más intensa y evitan el excesivo desgaste cardiaco. Asimismo, el estiramiento mantenido elimina toda suerte de contracturas y relaja.

Todas las posturas de yoga trabajan sobre el cuerpo, las energías y la mente. Por tanto, no solo tienen implicaciones fisiológicas, sino que involucran de manera muy beneficiosa a la mente y a las emociones.

Enumeramos algunos de los efectos que se derivan de la ejecución de las posturas:

- Dotan de gran elasticidad, que el niño podrá mantener a lo largo de toda su vida si practica asiduamente.
- Favorecen a los músculos, nervios, tendones, articulaciones y espina dorsal.
- Abastecen de sangre a todo el organismo, sin que ninguna zona quede desatendida.
- Perfeccionan el sentido del equilibrio, que es importante para el niño.
- Favorecen a todos los sistemas: respiratorio, cardiovascular, neuromuscular, digestivo y endocrino.
- Desbloquean e inducen a la relajación profunda.
- Pacifican la mente y las emociones.
- Favorecen la armónica coordinación de la mente

y el cuerpo, lo que en tempranas edades es muy importante.

- Vigorizan y aumentan la capacidad de resistencia y el rendimiento del cuerpo y fortalecen el sistema inmunitario.
- Equilibran el sistema nervioso y benefician al aparato genitourinario, a los sistemas osteolocomotor y termorregulador y al metabolismo.
- Equilibran el aparato emocional y colaboran en el desarrollo de la concentración y del sentido del aquí-ahora.
- Previenen o ayudan a superar el estrés escolar, los conflictos internos y las contradicciones, el nerviosismo y la agresividad.
- Favorecen el crecimiento y le enseñan al niño a familiarizarse con su cuerpo.
- Estabilizan el carácter.

Las posturas del yoga consisten en la ciencia de estirar y soltar, tensar y relajar. Por eso, es conveniente que, después de cada postura, el niño efectúe unos segundos de relajación. Los estiramientos, los masajes, la atención vigilante y las pausas de relajación convierten la práctica de las posiciones en un medio sumamente inteligente e insuperable de relajación y eliminación de tensiones neuromusculares y psíquicas.

En el yoga hay posturas para irrigar de sangre el cerebro (estimulando así todas las funciones mentales), para fortalecer la espina dorsal, para estimular el crecimiento, para prevenir la congestión excesiva de órganos y venas, para ejercer masajes sobre riñones u órganos abdominales, para favorecer la respiración o para aumentar la capacidad de resistencia corporal.

Los requisitos que se deben observar en la ejecución de las posturas son:

- Toda postura debe hacerse y deshacerse con lentitud, muy consciente de los movimientos.
- Cada practicante llevará la postura hasta su límite razonable, y la mantendrá el tiempo indicado.
- Durante las posturas, lo más aconsejable es efectuar una respiración pausada y por la nariz.
- La mente debe permanecer muy atenta y en el presente.
- Todo esfuerzo debe ser razonable, bien medido, y siempre hay que evitar esfuerzos excesivos, que están totalmente contraindicados. Con que la postura se haga hasta el límite razonable, ya desencadena todos sus beneficios.

Dependiendo de la edad del niño, las posturas pueden mantenerse más o menos tiempo, y dependiendo de su carácter también habrá que agilizar de uno a otro modo la práctica. El niño debe ver cómo el profesor (aunque sea un familiar) hace las posturas, para imitarlas y sentirse acompañado en la práctica.

Las posturas deben ejecutarse sobre una superficie que no sea ni excesivamente blanda ni excesivamente dura: una manta doblada, una moqueta, una alfombra o algo similar. El niño debe utilizar unas prendas de vestir cómodas y holgadas. Es siempre preferible ejecutar las posiciones con el estómago vacío, en una estancia tranquila. Los niños con cualquier tipo de trastornos deben ser siempre vigilados por sus especialistas.

Aprendiendo a respirar

Resulta inexplicable que no se haya convertido en una práctica habitual enseñar a respirar a un niño desde corta edad, máxime cuando la respiración es la más básica fuente de energía y una función sumamente importante y vital. Sin embargo, no se nos ha enseñado de niños a respirar, y así hemos adquirido hábitos respiratorios negativos. La mayoría de los seres humanos respiran mal y, además no aprovechan, por no saberlo a menudo siquiera, sus potenciales respiratorios. Pero toda persona puede aprender a respirar, y evitar así respiraciones espasmódicas, demasiado superficiales, arrítmicas y por la boca. No olvidemos que la nariz no es gratuita y que tiene la función de entibiar y filtrar el aire, evitando trastornos de las vías respiratorias. Pero, además, una manera incorrecta de respirar es como una espina en el sistema nervioso, que lo altera y que crea, también, tensiones emocionales y físicas. Por el contrario, una respiración nasal, más pausada y regular, es un verdadero bálsamo para el sistema nervioso.

El niño puede comenzar a practicar ejercicios respiratorios muy simples, pero valiosos, que van a favorecer la oxigenación de sus tejidos y que representan una saludable gimnasia pulmonar.

La respiración sugerida por el yoga exige la atención vigilante del proceso respiratorio y una intervención directa sobre el mismo para regularla. Existen numerosos ejercicios respiratorios, pero el niño deberá comenzar por adiestrarse en respiraciones abdominales, intercostales, claviculares y completas sin retención y con retención. Una vez dominadas estas técnicas respiratorias básicas, podrá ir aprendiendo otras, evitando siempre el menor esfuerzo. Es una cuestión de ejercitamiento, y paulatinamente se irá familiarizando con los ejercicios respiratorios. Pueden comenzar por practicarse durante unos 5 minutos por sesión, de modo tal que la tabla estará compuesta por las posturas, un ejercicio respiratorio y la relajación propiamente dicha.

Cuando el niño o el adolescente ejecuta el ejercicio respiratorio, hay que irle haciendo comprender que debe estar atento y bien integrado con el mismo. Debe irse ejercitando en tomar tanto aire como pueda al inhalar y expulsar todo lo que pueda al exhalar, pero sin esfuerzos. De esta forma, va aprendiendo a reeducar toda su función respiratoria. Así favorece sus vías respiratorias y también estimula la integración de la mente y aumenta la capacidad de resistencia de todo su organismo.

Las técnicas respiratorias del yoga producen los siguientes beneficios:

- Se regula la acción cardiaca y se mejora la circulación sanguínea.
- Se seda el sistema nervioso autónomo.
- Se previenen trastornos del aparato respiratorio.
- Se pacifican las emociones y se combate la dispersión mental, intensificándose la capacidad de concentración.
- Aumenta la capacidad pulmonar.
- Se tonifican las fibras eferentes del vago.
- Se equilibra la función endocrina.
- Se favorece el metabolismo.
- Se estabiliza el carácter y se combate el nerviosismo propio de muchos niños.
- Se incrementan los caudales de energía.

El niño debe aprender, en primer lugar, ejercicios respiratorios básicos en los que la inhalación y la exhalación duran aproximadamente lo mismo. Con el ejercitamiento adecuado, podrá luego aprender a incorporar el tercer tiempo o de retención, acoplándolo entre la inhalación y la exhalación, pero sin forzar. Más adelante, puede pasar a ejecutar otras técnicas respiratorias e ir aprendiendo a exhalar más lentamente que a inhalar, lo que es de gran beneficio somática y psíquicamente.

Los ejercicios respiratorios básicos se pueden hacer acostado boca arriba, sentado o de pie. El niño debe comenzar a efectuarlos acostado hasta que los domine y pueda ejecutarlos también en otras posiciones corporales. Para ir aprendiendo a dirigir el aire a las distintas zonas, debe colocar sus manos allí donde quiere dirigirlo, para ir descubriendo cómo esa zona se dilata al inhalar y retorna a su posición de origen al exhalar. El profesor debe estar vigilante para instruir y corregir.

Los niños con cualquier trastorno de vías respiratorias, corazón o pulmones deben siempre ser aconsejados y examinados por su especialista y, por supuesto, no han de forzar en lo más mínimo.

El instructor (sea el padre, la madre, un familiar o un profesor) debe ejecutar él mismo las técnicas de control respiratorio para que el niño o el adolescente compruebe contemplándolo cómo se dilatan las zonas a las que va dirigido el aire.

El niño puede efectuar estas técnicas, cuando haya ocasión para ello, en el parque, la montaña, la playa o en otros escenarios naturales. Las técnicas básicas también se pueden ejecutar caminando cuando el practicante las ha perfeccionado lo suficiente.

Aprendiendo a relajarse

¿Qué es la relajación? Es una práctica milenaria que consiste en soltar los músculos y los nervios e ir dejando todo el cuerpo flojo. Mediante la ciencia de la relajación, el practicante va consiguiendo detectar tensiones y eliminarlas.

La relajación del yoga es la denominada relajación consciente. ¿Por qué? Porque, con mucha atención, el practicante va sintiendo las distintas zonas de su cuerpo y aflojándolas. De este modo, se reduce intencionadamente la tensión neuromuscular.

La relajación es simplemente una cuestión de práctica. Cualquiera que se lo proponga puede obtener fases profundas de reparadora relajación en varias semanas, si practica con asiduidad. Existen muchas técnicas de relajación, pero para el niño y el adolescente la más conveniente y fácil es la que podríamos denominar "relajación pasiva", llamada así porque el practicante se abandona a las indicaciones verbales del profesor y se deja envolver por su voz, abandonándose más y más, pasivamente. Hay otros métodos de relajación, pero para la psicología del niño y del adolescente lo más oportuno es que siempre el instructor (sea un familiar o no) le vaya relajando con una voz agradable y tranquilizadora. El instructor, lentamente, va indicando las distintas zonas del cuerpo para que el practicante las vaya sumiendo en relajación. Hay que invitarle a que se mueva lo menos posible y esté atento a la voz del instructor. La voz es muy importante, porque, si es la adecuada, sosegará al niño y le hará sentirse acompañado en todo momento. Según la edad del practicante, habrá que utilizar unas u otras palabras. En niños de menos de 7 años, habrá que recurrir a símiles como «te estás poniendo muy blandito, como un muñeco de trapo» u otros que sean inductores de relajación. Con el niño de 9 o 10 años, las indicaciones pueden ser las habituales. Si se trata de niños más pequeños, es también conveniente tocarles o ir acariciando la zona que se les pide que vayan soltando.

La relajación debe llevarse a cabo sobre una superficie ni demasiado blanda ni demasiado dura, con el estómago vacío o al menos medio vacío, unas prendas cómodas y en un ambiente silencioso y agradable. Se le pide al niño que cierre suavemente los ojos, tras extenderse cómodamente sobre la espalda, con los brazos a ambos lados del cuerpo y la cabeza en el punto de mayor comodidad. Se le sugiere que respire pausadamente por la nariz y se le invita a que esté muy tranquilo, diciéndole que va a tratarse de una experiencia muy agradable. Se le pide inmovilidad, pero no de forma que el niño pueda sentir esta petición como una obligación, pues en ese caso se pondrá nervioso por tener que estar inmóvil, y rechazará esa inmovilidad si la experimenta como impuesta. Al principio, hay niños muy nerviosos o inquietos a los que les cuesta mucho estar tranquilos e inmóviles, pero paulatinamente lo van consiguiendo con la práctica oportuna.

¿Cuánto debe durar una sesión de relajación para estos jóvenes practicantes? De 5 a 15 minutos, pero nosotros, en los programas, dedicamos a la sesión 5 minutos, que, por supuesto, pueden aumentarse.

Todas las posturas van desbloqueando, eliminando tensiones e induciendo a una relajación profunda al final de la práctica de las posturas y la respiración. Insistamos, pues, en que la tabla está configurada del siguiente modo:

- Posturas de yoga.
- Ejercicios respiratorios.
- Relajación.

Entre postura y postura, siempre hay que incluir unos 30 o 40 segundos, aproximadamente, de relajación, invitando al niño a que esté tranquilo.

El niño también puede irse adiestrando, sobre todo a partir de los 12 o 13 años, en algunas técnicas de concentración y meditación, aunque sea en períodos de 5 o 10 minutos.

De la práctica asidua de la relajación se derivan los siguientes beneficios:

- Previene o ayuda a eliminar la tensión física, mental y emocional.
- Ayuda a prevenir la irritabilidad, la intranquilidad, el insomnio, la falta de apetito o la ingesta compulsiva, la fatiga, la depresión, la ansiedad y los estados de agitación.
- Previene contra la hipertensión.
- Le enseña al niño a estar consigo mismo y a disfrutar de un estado de sosiego.
- Facilita el aprovechamiento de las energías.
- Previene contra numerosos trastornos psicosomáticos.
- Enseña al niño a relacionarse con su cuerpo a nivel vivencial.
- Tranquiliza todos los procesos físicos y mentales.
- Intensifica el autocontrol y desarrolla el sentido de la disciplina.
- Previene o ayuda a superar el estrés de los estudios y los disgustos recibidos en el entorno familiar o escolar.
- Canaliza la agresividad.

Con la práctica suficiente, el niño y el adolescente irán conquistando la denominada "respuesta de relajación", que podrá desencadenar en cualquier momento y circunstancia, así como en cualquier posición corporal.

Aprendiendo a concentrarse

La mente es amiga o enemiga. Es una buena sierva o una tiránica ama. Es como un mono saltando constantemente de rama en rama. Es indócil, cambiante, desobediente y dispersa. Hay que hablar al niño de todo ello, con palabras sencillas y de acuerdo a su edad y grado de preparación cultural. Hacerle entender lo importante que es ir aprendiendo a dominar ese caballo salvaje que es la mente. La mente es muy valiosa, pero hay que canalizarla, como se canalizan, para que ganen en eficacia, las aguas o la electricidad. Se puede explicar perfectamente al niño qué es la concentración mental, es decir, estar atento a una sola cosa, en lugar de que su pensamiento esté saltando como una rana de un lado para otro.

La concentración es la fijación de la mente en un objeto con absoluta exclusión de todo lo demás. Al niño bastará con decirle: «Piensa solo en esto, y cada vez que se te vaya la mente, agárrala y llévala a lo que estás pensando». O también se le puede decir: «Que esta sola idea (o imagen) esté en tu mente, y trata de no distraerte para evitar que surjan otras cosas». El instructor tiene que saber cómo manejarse en este sentido con el niño.

Se le pueden ir procurando ejercicios muy simples de concentración, desde que se imagine un color determinado hasta una flor o una nube. Hay que presentarle siempre atractivamente el ejercicio, motivándole y haciéndole ver que él podrá ir realizándolo, y conseguirá así una mayor concentración para disfrutar más del juego, relacionarse mejor con sus amigos e incluso que los estudios le resulten más fáciles. Las técnicas de concentración en la respiración son todas ellas excelentes a estas edades porque:

- Armonizan la biología.
- Coordinan cuerpo y mente.
- Acentúan la concentración y desarrollan armónicamente la atención mental.
- Sosiegan.

Estas técnicas son tan fáciles de explicar y entender que cualquier niño con 10 u 11 años podrá comprenderlas perfectamente y ejercitarse pronto en ellas.

También se puede ir enseñando al niño a que realice actividades con mayor atención, ya sea pasear, jugar, colgar la ropa, tomar un zumo de naranja, ducharse o cualquier otra actividad.

Hay que explicarle que la mente es también como

un músculo que puede desarrollarse, y que los ejercicios mentales que se le procuran son una gimnasia especial para fortalecer el músculo de la concentración.

El hecho mismo de efectuar todas las técnicas del yoga físico con atención constituye también un método fenomenal para estimular la concentración del niño.

Se le puede proponer observar con mucha atención cualquier objeto para concentrarse, ya sea una figurilla, un círculo, una flor o cualquier otra cosa. Se le pide que observe muy atentamente el objeto unos minutos y que luego cierre los ojos y lo visualice tan fielmente como pueda. El instructor debe hacer el ejercicio con el muchacho, para que así se sienta más estimulado.

Por fortuna, cada día es mayor el número de familias que aprovechan, cuando hay tiempo, ya sea el fin de semana o las vacaciones, para practicar yoga juntos. Practicando el yoga en grupo, el niño o el adolescente se sentirá más animado y motivado a ello, le resultará menos monótona la experiencia y le irá tomando gusto a estirarse, respirar y relajarse… e, incluso, concentrarse.

Según el tiempo de que se disponga o las predilecciones del joven practicante, se puede integrar en el programa (siempre o algunas veces) una serie de movimientos encadenados que hacen asumir distintas posiciones al cuerpo y que se conocen tradicionalmente como "el saludo al sol". Es un excelente ejercicio de calentamiento y, por su carácter menos estático, suele resultar divertido a los niños, si bien tendrán que poner un poco de atención para aprender los movimientos que lo componen. Una vez más, hay que insistir en lo conveniente que resulta que el instructor sirva siempre de ejemplo al niño, haciendo él mismo las técnicas.

El saludo al sol

El saludo al sol es la denominación que se ha venido dando desde hace siglos a una serie de movimientos encadenados que se efectúan lenta y atentamente, puesto que las posiciones que el cuerpo va adoptando no son estáticas. Se pueden ir asociando los distintos movimientos a la respiración o ejecutarse sin hacerlo. Es aconsejable asociarlos a la respiración, pero el niño debe aprender antes todos los movimientos (así le será más fácil) y luego incorporar la secuencia respiratoria adecuada. La técnica puede realizarse antes o después de la tabla de posturas, pero es mejor hacerla antes, como calentamiento neuromuscular incluso. Se puede o no incorporar a la práctica.

Recomendación: cuando hagas el ejercicio, trata de estar bien atento. Evita cualquier esfuerzo excesivo y ve enlazando armónicamente los movimientos. Este ejercicio te permitirá ir adoptando numerosas posiciones físicas, que debes hacer según tu capacidad. Haz y deshaz todas las posiciones con lentitud, fluidamente.

Técnica

- Colócate de pie con las piernas juntas y los brazos a lo largo del cuerpo, inclinando ligeramente la cabeza hacia atrás. Inspira.
- Une las manos por las palmas a la altura del pecho. Espira (a).
- Eleva lentamente los brazos en el aire por encima de la cabeza, mantenlos estirados y efectúa una profunda inspiración dejando que el tronco caiga ligeramente hacia atrás (b).

a

b

c

- Ve inclinando lentamente el tronco hacia delante hasta que la cabeza se acerque a (o descanse en) las rodillas y las palmas de las manos se apoyen en el suelo. Al mismo tiempo, ve espirando (c).

- Desliza la pierna derecha hacia atrás hasta que la rodilla descanse en el suelo. La pierna izquierda permanece flexionada y el muslo en contacto con el estómago y el pecho. La rodilla y las palmas de las manos permanecen en el suelo. Los brazos deben estar estirados, y debes mirar hacia delante. Al ir adoptando esta postura, inspira (d).

d

- Lleva la pierna izquierda hacia atrás, estírala y únela a la derecha mientras espiras lentamente. Todo el cuerpo forma ahora una línea recta y los brazos permanecen estirados. Las palmas de las manos están firmemente apoyadas en el suelo (e).

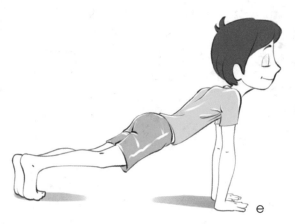

e

- Flexiona los brazos con lentitud y deja la barbilla, el pecho y las rodillas en contacto con el suelo. El resto del cuerpo queda en el aire. A medida que vayas adoptando esta postura, ve inspirando profundamente (f).

f

• Deja caer lentamente el peso del cuerpo y fija los muslos juntos en el suelo. Los brazos se mantienen estirados,
el tronco arqueado
y la cabeza bien
atrás, mientras se va
espirando (g).

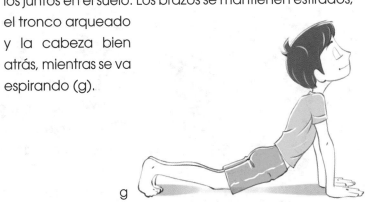

g

• Apoyándote firmemente sobre las manos y los pies, eleva
el cuerpo y trata de hacer con él un pronunciado triángulo, dirigiendo
la mirada a las
rodillas y levan-
tando bien los
isquiones hacia
el techo, a la
vez que vas ins-
pirando (h).

h

• Flexiona la pierna derecha hacia delante y apoya la rodilla izquierda en el suelo. El cuerpo descansa sobre las palmas de las manos, la planta del pie derecho, la rodilla izquierda y los dedos de este pie. Los brazos deben permanecer estirados. Al ir adoptando la postura, espira (i).

• Acerca la pierna izquierda a la derecha, manteniendo ambas piernas bien estiradas, y aproxima la cara a las rodillas tanto como te sea posible, mientras vas espirando (j).

ka   kb

• Inhalando, estira tus manos hacia delante y luego hacia arriba y hacia atrás, doblándote un poco desde la cintura (ka). Finalmente coloca las manos a la altura del pecho con las palmas unidas, mientras espiras (kb).

• Baja las manos y estira los brazos a lo largo del cuerpo. Recupera así la posición de partida (l).

l

Número de veces: ejecuta el ejercicio de cuatro a ocho veces, descomponiendo bien los movimientos y volviéndolos a componer, armónicamente, sin urgencia, muy atento, sin forzar en exceso, evitando la fatiga. Con la práctica, irás perfeccionando todo el ejercicio y te será mucho más sencillo.

Beneficios

- Estira y revitaliza todos los músculos del cuerpo, así como nervios, tendones y articulaciones.
- Fortalece la espina dorsal y la dota de elasticidad.
- Va ejerciendo masaje sobre muchas zonas del cuerpo y sus correspondientes órganos y vísceras.
- Abastece de sangre a las distintas partes del organismo y mejora el sistema circulatorio.
- Desarrolla el sentido del equilibrio, que es muy importante para los niños y adolescentes.

- Favorece la coordinación de todo el aparato loco-motor.
- Aumenta la capacidad de concentración.
- Previene contra el estrés escolar, las tensiones y la ansiedad.
- Procura al organismo un excelente tono vital, lo des-pereza y lo desbloquea.
- Aumenta el apetito.
- Fortalece y dota de elasticidad a toda la columna vertebral.

Programas para la práctica

Primer programa

Postura de la pinza

• Siéntate en el suelo con las piernas juntas y estiradas.

• Inclina lentamente el tronco hacia delante y lleva las manos a los pies o a los tobillos, acercando el pecho tanto como puedas a las piernas, sin doblar las rodillas.
• Aproxima los antebrazos al suelo y la cara a las piernas, regulando la respiración por la nariz y estando atento. Mantén la postura el tiempo indicado. Deshaz lentamente la postura y relájate.

Tiempo: 30 segundos. Se hace la postura tres veces.

Beneficios

- Dota de elasticidad a la espina dorsal.
- Estira vigorosamente todos los músculos posteriores del cuerpo, revitalizándolos y fortaleciéndolos.
- Ejerce un profundo masaje sobre los órganos y las vísceras del abdomen; en las niñas, sobre los ovarios, y en los niños, sobre la próstata.
- Favorece el buen funcionamiento de la vejiga y del colón.
- Beneficia a todo el aparato locomotor y ayuda al crecimiento.
- Equilibra y seda el sistema nervioso.
- Mejora el riego sanguíneo de todo el cuerpo.
- Ayuda a relajarse, descansar y dormir, y sosiega a los niños nerviosos.
- Armoniza el sistema endocrino.

Postura de la cobra

- Extiéndete en el suelo boca abajo.
- Coloca las palmas sobre el suelo, a la altura de los hombros.
- Ve elevando lentamente el tronco, de manera tal que el pecho y el estómago están en el aire, pero el vientre esté apoyado en el suelo.

- Mantén las piernas juntas y los brazos flexionados.
- Tratando de regular la respiración, sostén la postura el tiempo indicado y luego deshaz con lentitud.

Tiempo: 10 segundos. Se ejecuta la postura cuatro veces.

Beneficios

- Flexibiliza la espina dorsal hacia atrás.
- Estira y revitaliza todos los músculos anteriores del cuerpo.
- Ejerce un beneficioso masaje sobre los riñones y las glándulas suprarrenales.
- Estimula el apetito.
- Favorece el funcionamiento cerebral y mejora la capacidad de concentración.
- Estimula el funcionamiento del aparato digestivo.
- Previene contra trastornos gástricos.

Postura del ángulo recto

- Acuéstate en el suelo sobre la espalda.
- Coloca los brazos a am-
  bos lados del cuerpo, con
  las palmas de las manos
  boca abajo.
- Eleva lentamente las pier-
  nas en el aire, rectas y juntas, hasta que formen un
  ángulo recto con el tronco, manteniendo la cabeza
  apoyada en el suelo. Regula la respiración.
- Sostén la postura el tiempo indicado, para después
  deshacerla con lentitud.

Tiempo: 15 segundos. Se ejecuta tres veces

Beneficios

- Fortalece los músculos abdominales y las regiones coccígea, sacra y lumbar.
- Tonifica vigorosamente las caras altas de los muslos.
- Descongestiona las venas de las piernas y previene
  contra trastornos circulatorios.
- Favorece el buen funcionamiento de todos los órganos
  y las vísceras del abdomen.

Postura de la media luna

- De pie, separa las piernas, y eleva los brazos por encima del tronco y entrelaza firmemente las manos.
- Inclina lentamente el tronco hacia la derecha con la cabeza entre los brazos, que deben permanecer estirados, al igual que las piernas.
- La cara debe permanecer vuelta hacia arriba o mirando al frente. Mantén la postura el tiempo indicado, deshazla lentamente y ejecútala hacia el otro lado.

- Después de mantener la postura, vuelve a la posición inicial y relájate de pie.

Tiempo: 10 segundos.
Realiza la postura dos veces por cada lado.

Beneficios

- Estira y revitaliza todos los músculos de los costados, de la espalda y del pecho.

- Dota de flexibilidad a la espina dorsal hacia los lados.
- Ejerce un profundo masaje sobre el páncreas, el hígado y el bazo, mejorando su funcionamiento.
- Robustece la columna vertebral.
- Vigoriza las extremidades superiores e inferiores.
- Mejora el riego sanguíneo de todo el organismo.
- Previene contra contracturas y crispaciones, favoreciendo una relajación profunda.

Postura del triángulo invertido

- De pie, separa las piernas y coloca los brazos en cruz con las palmas de las manos hacia abajo.

- Ve inclinando lentamente el tronco hacia delante para conducir la mano izquierda al pie o al tobillo derecho, a la vez que vas aproximando todo lo que puedas la cara a la pierna derecha, dejando el brazo derecho bien estirado en el aire, como se ilustra en el dibujo.

- Mantén la postura el tiempo indicado, sin forzar en exceso, deshaz lentamente y repite el ejercicio hacia el otro lado.
- Mantén la postura el tiempo indicado y después vuelve despacio a la posición inicial y relájate de pie.

Tiempo: 15 segundos por cada lado. Se ejecuta la postura dos veces por cada lado.

Beneficios

- Abastece de abundante sangre al cerebro, mejorando su funcionamiento, así como el de los órganos sensoriales y la glándula tiroides.
- Estimula la concentración y la memoria.
- Estira y revitaliza todos los músculos posteriores del cuerpo.
- Fortalece el tendón de la rodilla.
- Dota de flexibilidad a la espina dorsal hacia delante.
- Ejerce masaje sobre el paquete intestinal y diversos órganos abdominales, estimulando su funcionamiento.
- Previene contra la psicastenia y el alicaimiento.
- Evita la fatiga, renueva la mente y favorece la atención en el estudio.

Respiraciones abdominales

Tumbado cómodamente en el suelo, sobre la espalda, toma el aire lentamente por la nariz y condúcelo hacia el vientre y el estómago; después, expulsa el aire poco a poco por la nariz, aproximadamente en el mismo tiempo que lo tomaste. Inspira tanto aire como puedas y luego exhala hasta vaciarte de aire, pero evita cualquier esfuerzo.

Si ejecutas bien esta respiración, al inspirar, el vientre y el estómago ascienden, y al expulsarlo, descienden a su posición inicial. Si tienes dudas de si lo estás haciendo correctamente, colócate una mano sobre el estómago, para que compruebes que sube al inhalar y desciende al exhalar.

Tiempo: 5 minutos.

Relajación: 5 minutos.

Síntesis del programa

• Postura de la pinza: tres veces.
• Postura de la cobra: cuatro veces.
• Postura del ángulo recto: tres veces.
• Postura de la media luna: dos veces por cada lado.
• Postura del triángulo invertido: dos veces por cada lado.
• Respiraciones abdominales: 5 minutos.
• Relajación: 5 minutos.

Segundo programa

Postura sobre la pierna

- Siéntate en el suelo con las piernas juntas.
- Separa las piernas, tanto como puedas, sin forzar y evitando que se doblen.
- Inclina lentamente el tronco y la cabeza hacia la pierna derecha hasta donde te sea posible y coloca las manos en el pie o en el tobillo derechos, aproximando tanto como te sea posible los antebrazos al suelo. Mantén la postura el tiempo indicado, regulando siempre que puedas en todas las posturas la respiración por la nariz y permaneciendo atento.
- Deshaz poco a poco la postura y ejecútala hacia la otra pierna, es decir, hacia la izquierda. Mantenla el tiempo

indicado, y después ve elelevando el tronco muy despacio y luego túmbate en el suelo para relajarte.

Tiempo: 20 segundos por cada lado. Se ejecuta la postura dos veces por cada lado.

Beneficios

• Estira todos los músculos posteriores del cuerpo, vigorizándolos y flexibilizándolos, y fortalece el tendón de la rodilla.
• Dota de elasticidad a las ingles, a los músculos de las caras internas y posteriores de los muslos y a la espina dorsal.
• Ejerce un benéfico masaje sobre todos los órganos y las vísceras del abdomen.
• Elimina contracturas y bloqueos, tranquiliza el sistema nervioso y favorece la relajación profunda.
• Sosiega el ánimo y alivia la tensión neuromuscular.
• Previene contra la indigestión, la aerofagia y la dispepsia.

Postura de masaje renal

• Ponte boca abajo sobre el suelo, con las piernas juntas y los brazos a ambos lados del cuerpo.

- Coloca las palmas de las manos contra el suelo, a la altura aproximada de los hombros.
- Presiona firmemente las manos contra el suelo y ve elevando el tronco y despegando el pecho, el estómago y el vientre del suelo, hasta que los brazos queden completamente estirados y perpendiculares al suelo.
- Trata de mantener unidas las piernas y de echar bien hacia atrás la cabeza. Regula la respiración.
- Mantén la postura el tiempo indicado, deshazla y relájate.

Tiempo: 10 segundos. Se efectúa cuatro veces.

Beneficios

- Ejerce un profundo masaje sobre toda la zona lumbar, favoreciendo el funcionamiento de los riñones y de las cápsulas suprarrenales.
- Estira y revitaliza todos los músculos anteriores del cuerpo.
- Dota de elasticidad a la espina dorsal hacia detrás.

- Fortalece los músculos deltoides, trapecio, hombros y pectorales.
- Previene contra el estreñimiento.
- Favorece al sistema urinario.
- Aumenta el apetito y la vitalidad.
- Favorece a la médula espinal y al cerebro.

Media postura del saltamontes

- Acostado boca abajo, fija la barbilla contra el suelo y mantén las piernas juntas.
- Colocados los brazos a ambos lados del cuerpo, sitúa las palmas de las manos contra el suelo.

- Presionando las palmas de las manos contra el suelo, eleva en el aire tanto como puedas la pierna derecha, manteniéndola recta y evitando ladear demasiado la cadera. Permanece en la postura el tiempo indicado, deshazla lentamente y efectúala con la otra pierna.

Tiempo: 15 segundos. Dos veces por cada lado.

Beneficios

* Fortalece los músculos abdominales y dorsales y también los del cuello.
* Estimula el riego sanguíneo de la zona lumbar y favorece a las regiones coccígea, sacra y lumbar.
* Fortalece el hueso sacro y las extremidades inferiores.
* Mejora el funcionamiento de los riñones y de las glándulas suprarrenales.
* Vigoriza las vértebras cervicales y el cuello.
* Tonifica los músculos glúteos.
* Previene contra las varices, la obesidad del abdomen y la pereza intestinal.

Postura de la torsión

* Siéntate en el suelo con las piernas juntas y estiradas.
* Flexiona la pierna izquierda y pasa el pie al otro lado del muslo derecho, situando con firmeza la planta del pie en el suelo, aproximadamente cerca del nacimiento del muslo derecho.

- Gira el tronco hacia la izquierda, llevando la mano derecha a la pierna derecha y agarrándola si te es posible.
- Gira, cuanto puedas, hacia la izquierda los hombros y la cabeza. Mantén la postura el tiempo indicado, deshazla lentamente y efectúala hacia el otro lado, o sea, invirtiendo por completo la posición del cuerpo.

Tiempo: 15 segundos por cada lado, y se realiza la postura dos veces por cada lado.

Beneficios

- Ordena y fortalece toda la espina dorsal.
- Previene o ayuda a combatir la escoliosis.
- Ejerce un profundo y saludable masaje sobre todos los órganos del abdomen.
- Estira vigorosamente todos los músculos del tronco.
- Fortalece, en general, todos los músculos del cuerpo, incluidos los del cuello y las extremidades superiores e inferiores.
- Desbloquea, elimina crispaciones y relaja.
- Moviliza la sangre y perfecciona el sistema circulatorio.

Postura de inversión

- Túmbate en el suelo sobre la espalda.
- Coloca los brazos a ambos lados del cuerpo, con las palmas de las manos contra el suelo.
- Presionando las manos contra el suelo, ve elevando las piernas hasta despegar las caderas del suelo, manteniéndolas rectas.
- Dobla los brazos y coloca las manos en la zona lumbar o en las caderas, adoptando la postura que se indica en la ilustración. Trata de que el peso del cuerpo permanezca bien equilibrado entre la parte alta de la espalda y los brazos, que sirven de soporte.
- Mantén la postura el tiempo indicado, lleva los brazos después al punto de partida y desciende con lentitud para relajarte.

Tiempo: 30 segundos. Dos veces

Beneficios

- Aporta mucha sangre extra al cerebro, mejorando su funcionamiento.
- Regula la presión arterial.
- Combate la psicastenia, la dispersión y el abatimiento.
- Proporciona un descanso profundo a las piernas y previene contra varices, mejorando el riego sanguíneo en general.
- Aumenta el apetito.
- Tonifica muy saludablemente las vértebras cervicales.
- Incrementa la capacidad de atención, concentración y memoria.
- Seda el sistema nervioso central.

Respiraciones medias o intercostales

Extiéndete en el suelo, sobre la espalda, con los brazos cómodamente situados a ambos lados del cuerpo. Inhala lentamente por la nariz y lleva la respiración hacia la zona media del pecho, hacia los costados, tomando tanto aire como puedas sin forzar. Después expulsa lentamente el aire por la nariz en el mismo tiempo en que lo tomaste.

Si efectúas bien esta respiración, al tomar el aire dilata toda la zona media del pecho, que vuelve a su posición inicial al exhalarlo. Procede de esta manera.

Tiempo: 5 minutos.

Relajación: 5 minutos.

Síntesis del programa

• Postura sobre la pierna: dos veces por cada lado.

• Postura de masaje renal: cuatro veces.

• Media postura de saltamontes: dos veces por cada lado.

• Postura de la torsión: dos veces por cada lado.

• Postura de inversión: dos veces.

• Respiraciones intercostales: 5 minutos.

• Relajación: 5 minutos.

Tercer programa

Postura del diamante

- Siéntate en el suelo con las piernas juntas y estiradas.
- Flexiona la pierna derecha hacia fuera y coloca el pie derecho junto a la nalga de-recha; luego, dobla la pierna izquierda hacia fuera y coloca el pie izquierdo junto a la nalga izquierda.
- Las nalgas quedan firmemente apoyadas en el suelo, entre los pies y las piernas. Las manos deben colocarse sobre los muslos cerca de la rodilla.
- El tronco y la cabeza, bien erguidos; mantén la postura el tiempo indicado, deshazla después lentamente y relájate. Efectúa siempre que puedas una respiración pausada y por la nariz y no olvides que no debes hacer nunca esfuerzos excesivos.

Tiempo: 20 segundos. Una vez.

Beneficios

- Dota de gran flexibilidad a la articulación de la rodilla.
- Fortalece el hueso sacro.
- Mejora el riego sanguíneo de las piernas y fortalece las venas.
- Estimula la articulación del tobillo.
- Ayuda al niño a aprender a mantener bien erguida su espina dorsal, cultivando una buena posición de la misma para su vida cotidiana.

Postura de extensión sobre la pierna

- Siéntate en el suelo con las piernas juntas y estiradas.
- Flexiona la pierna izquierda hacia dentro y sitúa la planta del pie izquierdo junto a la cara interna del muslo, dejando que el talón izquierdo esté al lado de la ingle derecha.
- Con la pierna derecha bien estirada, inclina el tronco lentamente hacia la misma, aproximando la cara a la rodilla.

- Agarra el pie derecho o el tobillo con ambas

manos. Regula la respiración y, tras mantener la postura durante el tiempo adecuado, deshazla lentamente y efectúala sobre la otra pierna, es decir, sobre la izquierda.

Tiempo: 20 segundos. Dos veces por cada lado.

Beneficios

• Estira muy vigorosamente todos los músculos posteriores del cuerpo, revitalizándolos y flexionándolos.
• Fortalece la espina dorsal.
• Dota de flexibilidad a las articulaciones del tobillo, de la rodilla y de la cadera.
• Ejerce un beneficioso masaje sobre todos los órganos y las vísceras del abdomen.
• Previene contra la escoliosis y favorece el crecimiento.
• Seda el sistema nervioso y previene contra el estrés escolar.
• Aumenta la capacidad de concentración.
• Equilibra el aparato locomotor.

Postura de Natashira

- Colócate de rodillas con las piernas ligeramente separadas.
- Sitúa las manos, entrelazadas, en la nuca.
- Muy lentamente y con cuidado, ve arqueando el tronco e inclinándolo hacia atrás todo lo que puedas, sin esfuerzos excesivos. La cabeza permanece hacia atrás.
- Tras mantener la postura el tiempo adecuado, deshazla lentamente y relájate.

Tiempo: 10 segundos. Se efectúa la postura cuatro veces.

Beneficios

- Fortalece todo el tronco y la cara de los muslos.
- Estira y revitaliza los músculos anteriores del cuerpo.
- Favorece la apertura de la caja torácica.
- Dota de elasticidad a la espina dorsal y la fortalece.
- Ejerce un profundo masaje sobre la zona lumbar, que beneficia a todo ese grupo de vértebras, a los riñones y a las glándulas suprarrenales.
- Estimula el funcionamiento cerebral.

- Previene contra algunos trastornos digestivos.
- Ayuda a combatir la fatiga, la psicastenia y el abatimiento.

Postura sobre el costado

- Siéntate en el suelo con las piernas juntas y estiradas.
- Desplaza muy considerablemente la pierna izquierda hacia la izquierda y eleva los brazos en el aire.
- Ve inclinando lentamente el tronco hacia la pierna izquierda, tan de lado como puedas, para tratar de aproximar ambas manos al pie o al tobillo izquierdo.
- La cabeza queda entre los brazos, con la cara hacia arriba o al frente, y el costado izquierdo tan cerca como sea posible de la pierna izquierda.
- Tras mantener la postura el tiempo indicado, deshazla lentamente y ejecútala hacia el otro lado.

Tiempo: 20 segundos por cada lado. Se efectúa dos veces.

Beneficios

• Ejerce un profundo y beneficioso masaje sobre el pán-creas, el hígado y el bazo, mejorando su funcionamiento.
• Estira y revitaliza todos los músculos y los nervios inter-costales.
• Dota de flexibilidad a la espina dorsal hacia los lados, al tratarse de una postura del grupo de flexión lateral.
• Fortalece las piernas.
• Mejora el riego sanguíneo de todo el organismo.
• Elimina mucha tensión neuromuscular y tranquiliza.

Postura de la vela

• Extiéndete en el suelo, sobre la espalda, y coloca los brazos a ambos lados del cuerpo, con las palmas de las manos hacia abajo.
• Presionando las palmas de las manos contra el suelo y con la ayuda de los brazos, ve elevando en el aire las piernas, las caderas y el tronco en general, despla-zando el peso del cuerpo hacia los hombros e irguiendo el cuerpo tanto como te sea posible.

- Con el cuerpo tan erguido como puedas, sin forzar en exceso, por supuesto, y todo el peso sobre los hombros, dobla los brazos y coloca las manos en la espalda. La barbilla quedará clavada contra la raíz del pecho.
- Mantén la postura el tiempo indicado y después lleva los brazos al suelo a la posición inicial y ve bajando lentamente hasta quedar extendido sobre el suelo, para relajarte.

Tiempo: 15 segundos. Una vez.

Beneficios

- Fortalece extraordinariamente la espina dorsal.
- Mejora el riego sanguíneo y abastece de sangre el cerebro, mejorando su funcionamiento.
- Regula el funcionamiento de la glándula tiroides.
- Ejerce un profundo y beneficioso masaje sobre el cuello y las vértebras cervicales.
- Descongestiona las venas de las piernas.
- Previene contra las varices, las hemorroides y algunos trastornos digestivos.
- Armoniza la presión arterial.
- Aumenta la capacidad de rendimiento, resistencia y acción de todo el cuerpo.

- Incrementa la concentración, la memoria y la atención, favoreciendo todas las funciones mentales.
- Corrige y combate la dispersión mental.

Respiraciones claviculares

Tumbado sobre la espalda, cómodamente relajado, toma el aire lentamente por la nariz y condúcelo a la parte más alta del tórax, hacia las clavículas. Después expulsa el aire por la nariz en el mismo tiempo que lo tomaste.

Si se efectúa correctamente esta respiración, al tomar el aire todo el tórax se abomba, en tanto que el estómago desciende hacia la espina dorsal. Se efectúa este ejercicio durante 5 minutos.

Síntesis de programa

- Postura del diamante: una vez.
- Postura de extensión sobre las piernas: dos veces sobre cada pierna.
- Postura de Natashira: cuatro veces.
- Postura sobre el costado: dos veces sobre cada pierna.
- Postura de la vela: una vez.
- Respiraciones claviculares: 5 minutos.
- Relajación: 5 minutos.

Cuarto programa

Postura del héroe

- Siéntate en el suelo con las piernas juntas y estiradas.
- Flexiona hacia fuera la pierna
  izquierda y sitúa el pie izquierdo
  junto a la nalga izquierda.
- Dobla la pierna derecha hacia
  dentro y coloca el pie derecho
  encima de la cara superior del
  muslo izquierdo, cerca de la
  cadera.
- Manteniendo el tronco y la cabeza bien erguidos, sitúa
  las manos sobre las rodillas y regula la respiración.
- Mantén la postura el tiempo indicado, deshazla lentamente e inviértela.

Tiempo: 10 segundos por cada lado. Se hace una vez
por cada lado.

Beneficios

- Flexibiliza las articulaciones de las extremidades inferiores.
- Fortalece la región pélvica.
- Mejora el riego sanguíneo de las venas de las piernas.
- Estabiliza la atención mental.
- Enseña al niño a mantener la espina dorsal erguida.
- Armoniza los dos lados del cuerpo.

Postura de la pinza variante

- Siéntate en el suelo con las piernas juntas y estiradas.
- Separa las piernas lo que puedas, sin forzar, tratando de mantenerlas bien rectas.
- Inclínate con el tronco hacia delante, todo lo que puedas, con cuidado, y coloca las manos en los tobillos o en los pies respectivos.
- Mantén la postura el tiempo indicado, deshazla y relájate.

Tiempo: 15 segundos. Se hace la postura tres veces.

Beneficios

- Dota de gran flexibilidad a la espina dorsal y a todos los músculos de la cara interna y posterior de los muslos, así como a las ingles.
- Estira y revitaliza absolutamente todos los músculos posteriores del cuerpo.
- Estabiliza la acción cardiaca y regula la tensión arterial.
- Desbloquea, elimina crispaciones, induce a la relajación profunda y seda el sistema nervioso.
- Tonifica la caja torácica.
- Ayuda a combatir el nerviosismo y la hipermotricidad propia de muchos niños y adolescentes.

Postura del camello

- Colócate de rodillas, con las piernas ligeramente separadas.
- Apóyate firmemente con las manos en las caderas para arquear e inclinar el tronco hacia atrás.
- Suelta los brazos y sitúa firmemente las manos sobre los talones, con el tronco bien arqueado y la cabeza hacia atrás.

- Mantén la postura el tiempo indicado, luego deshazla y relájate.

Tiempo: 10 segundos. Se ejecuta cuatro veces.

Beneficios

- Revitaliza todos los músculos anteriores del cuerpo.
- Fortalece los músculos pectorales, dorsales, deltoides, trapecio y las extremidades superiores e inferiores.
- Favorece enormemente a la caja torácica.
- Dota de flexibilidad a la espina dorsal hacia atrás.
- Ejerce un masaje muy profundo sobre los riñones y las glándulas suprarrenales, fortaleciendo también todas las vértebras de las regiones lumbar, sacra y coccígea.
- Despeja el funcionamiento cerebral y aumenta su actividad.
- Estimula el sistema circulatorio.
- Fortalece el aparato locomotor del adolescente y lo mantiene en excelente forma.
- Abre el apetito y aumenta la capacidad de resistencia del cuerpo.

Postura de la luna

- Colócate de pie con las piernas juntas y los brazos a ambos lados del cuerpo.
- Separa las piernas.
- Inclina el tronco tanto como puedas hacia la izquierda, pasando el brazo derecho, estirado, por encima de la cabeza, y dejando el brazo izquierdo, estirado, a lo largo de la pierna izquierda; todo ello como se ilustra en el dibujo.
- Mira hacia el techo y mantén la postura el tiempo indicado. Luego deshazla lentamente y efectúala hacia el otro lado. Para finalizar, vuelve despacio a la posición inicial y te relajas de pie.

Tiempo: 10 segundos. Se hace dos veces por cada lado.

Beneficios

- Estira y revitaliza todos los músculos de los costados.
- Dota de flexibilidad a la espina dorsal hacia los lados.
- Fortalece las extremidades superiores e inferiores.

- Ejerce masaje sobre todos los órganos y las vísceras intercostales.
- Elimina muchas tensiones del tronco.
- Fortalece los músculos del cuello.

Postura de la media rueda

- De pie, separa ligeramente las piernas y eleva los brazos en el aire, aproximadamente paralelos entre sí.
- Manteniendo las piernas tan estiradas como puedas, ve inclinando lentamente y con cuidado el tronco hacia atrás, a la vez que también lo arqueas, dejando que los brazos permanezcan asimismo hacia atrás.
- Mantén la postura el tiempo indicado, deshazla y relájate de pie.

Tiempo: 10 segundos. Se hace la postura cuatro veces.

Beneficios

- Estira de forma muy vigorosa absolutamente todos los músculos anteriores del cuerpo.
- Flexibiliza la espina dorsal hacia atrás.
- Mejora el funcionamiento renal.
- Equilibra el sistema endocrino.
- Favorece el crecimiento.
- Fortalece músculos y nervios en general.
- Estimula el funcionamiento cerebral.
- Favorece el funcionamiento de la glándula tiroides.
- Mantiene activa la musculatura abdominal.

Respiraciones completas

Extendido en el suelo, sobre la espalda, toma el aire lentamente por la nariz y condúcelo, en primer lugar, hacia el vientre y el estómago; continúa inspirando sin interrupción y llévalo hacia la zona media del pecho, hacia los costados; continúa inspirando sin interrupción y llévalo hacia la zona más alta del pecho. Después exhala el aire lentamente por la nariz en el mismo tiempo aproximadamente.

Si haces bien el ejercicio, al inhalar, primero se dilatan vientre y estómago, luego la zona media del pecho y, por último, todo el tórax. Sin forzar, toma tanto aire como puedas y exhálalo también por completo. Ejecuta esta respiración durante 5 minutos.

Síntesis del programa

• Postura del héroe: una vez.
• Postura de la pinza variante: tres veces.
• Postura del camello: cuatro veces.
• Postura de la luna: dos veces.
• Postura de la media rueda: cuatro veces.
• Respiraciones completas: 5 minutos.
• Relajación: 5 minutos.

Quinto programa

Media postura de la cobra

- Colócate de rodillas, con los brazos caídos en perpendicular al suelo y el tronco y la cabeza erguidos.
- Dobla la pierna derecha y sitúa la planta del pie al frente, sobre el suelo, formando ángulo recto con la pierna.
- Estira la pierna izquierda hacia atrás tanto como puedas y flexiona por la rodilla tanto como te sea posible la pierna derecha, manteniendo tronco y cabeza erguidos. Las manos se aproximarán así al suelo   considerablemente. Regula la respiración, mantén la postura el tiempo indicado, deshazla con lentitud y efectúala por el otro lado.

Tiempo: 20 segundos sobre cada pierna. Se ejecuta dos veces por cada lado.

Beneficios

• Fortalece excepcionalmente las piernas, tonificando gemelos y glúteos.
• Flexibiliza buen número de músculos de las extremidades inferiores.
• Ejerce un penetrante masaje sobre las regiones coccígea, sacra y lumbar.
• Fortalece el hueso sacro y la pelvis.
• Mejora el riego sanguíneo de las piernas y previene la aparición de varices.
• Mejora el funcionamiento renal.

Postura lateral

• Colócate de rodillas y proyecta la pierna derecha, bien estirada, al lado, situando con firmeza la planta del pie en el suelo.
• Eleva los brazos en el aire, estirados, y entrelaza las manos.
• Inclina lentamente el tronco, en lateral, ha-

cia la pierna derecha, con la cabeza entre los brazos y la cara mirando hacia arriba o al frente. Mantén la postura el tiempo indicado, deshazla y efectúala hacia el otro lado.

Tiempo: 15 segundos. Dos veces por cada lado.

Beneficios

• Fortalece todo el cuerpo, sin que ningún músculo pase desapercibido.
• Dota de flexibilidad a la espina dorsal hacia los lados.
• Tonifica los nervios espinales.
• Elimina tensiones y contracturas en la espalda.
• Fortalece tanto las extremidades superiores como las inferiores.
• Ejerce masaje sobre los órganos y las vísceras intercostales.
• Abastece de sangre a las distintas partes del cuerpo.
• Armoniza el aparato locomotor en general.
• Desarrolla el sentido del equilibrio y favorece el crecimiento.

Postura de arco

- Extiéndete en el suelo boca abajo.
- Separa un poco las piernas y flexiónalas, llevando talones hacia las nalgas.
- Agarra firmemente con las manos los respectivos tobillos.
- Arquea el cuerpo tanto como te sea posible, suspendiendo el peso del mismo sobre el estómago, en contacto con el suelo, en tanto que queda en el aire el resto del cuerpo, con los brazos estirados y la cabeza bien atrás. Trata de regular la respiración y evita cualquier esfuerzo excesivo, ya que, con la práctica, paulatinamente irás arqueando más el cuerpo.

Tiempo: 10 segundos. Se ejecuta la postura cuatro veces.

Beneficios

- Postura excepcional para favorecer el crecimiento.
- Ejerce un profundo masaje abdominal, que resulta muy beneficioso para todas las vísceras.

- Previene contra dispepsia, indigestión, aerofagia y estreñimiento.
- Favorece a los riñones y a las cápsulas suprarrenales.
- Robustece la espina dorsal y la dota de elasticidad hacia atrás.
- Se activan todos los músculos y el riego sanguíneo de todo el cuerpo y se aumenta la capacidad de resistencia del organismo.
- Tonifica beneficiosamente la caja torácica.
- Potencia la acción cardiaca y favorece a los pulmones.
- Estimula el tono vital.

Postura de la pinza

- Tal y como ha sido explicada en la modalidad ordinaria en el primer programa (véase dibujo en la pág. 59) y en la modalidad de variante en el cuarto programa (véase pág. 85).
- Ejecuta una vez la postura de la pinza ordinaria, deshazla y relájate.
- Repite la postura, esta vez en la variante de las piernas separadas.

Tiempo: 20 segundos. Una vez con las piernas juntas y otra con las piernas separadas.

Postura perfecta

Postura perfecta con las manos en señal de bienvenida

Postura del ave

Postura de la cabeza de vaca
(variación)

Secuencia del Saludo al Sol (de 1 a 12)

9

10

11

12

Práctica de la concentración

Postura de la rueda

Postura del árbol

Postura del diamante en extensión

Postura de la rueda

Postura del ave invertida

- Extiéndete en el suelo sobre la espalda.
- Eleva el tronco y apoya los antebrazos en el suelo.
- Manteniendo las piernas juntas y rectas, presiona las palmas de las manos contra el suelo y eleva todo el cuerpo en el aire. Solo quedarán en el suelo las palmas de las manos y las plantas de los pies.
- El cuerpo permanece totalmente erguido, sin curvarse ni hacia arriba ni hacia abajo, pero la cabeza se deja caer hacia atrás.
- Mantén la postura durante el tiempo indicado, deshazla lentamente y relájate.

Tiempo: 10 segundos.
Se hace la postura
tres veces.

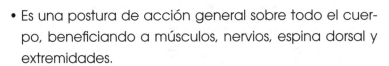

Beneficios

- Es una postura de acción general sobre todo el cuerpo, beneficiando a músculos, nervios, espina dorsal y extremidades.
- Vigoriza, en especial, los pectorales y los dorsales.
- Mejora el riego sanguíneo en general, revitaliza y tonifica el ánimo.

• Aumenta la capacidad de resistencia, acción y rendimiento del cuerpo.

Respiraciones completas con tres segundos de retención

Se efectúan las respiraciones completas normales, pero se introduce una tercera fase, que es la de la retención. Así:

• Inhalación.
• Retención a pulmón lleno de tres segundos.
• Exhalación, en el mismo tiempo, de la inhalación.
• Se efectúa el ejercicio durante 5 minutos, sin forzar.

Síntesis del programa

• Media postura de la cobra: dos veces por cada lado.
• Postura lateral: dos veces por cada lado.
• Postura del arco: cuatro veces.
• Postura de la pinza: una vez con las piernas juntas y otra con las piernas separadas.
• Postura del ave invertida: tres veces.
• Respiraciones completas con retención: 5 minutos.
• Relajación: 5 minutos.

Sexto programa

Postura sobre la pierna

- Siéntate en el suelo con las piernas juntas y estiradas.
- Separa las piernas tanto como puedas, pero sin forzar en exceso.
- Inclina el tronco lentamente hacia la pierna derecha, aproximándolo tanto como puedas a dicha pierna y llevando la cabeza hacia la rodilla.
- Agarra con las manos el pie o el tobillo derecho y mantén la postura el tiempo indicado, regulando la respiración.
- Después asciende lentamente y realiza la postura sobre la pierna izquierda.
- Mantén la posición el tiempo indicado, deshazla con lentitud y relájate (véase dibujo en la pág. 67)

Tiempo: 20 segundos sobre cada pierna. La postura se ejecuta dos veces por cada lado.

Beneficios

- Favorece el funcionamiento de la vejiga.
- Estira vigorosamente, revitalizándolos y flexibilizándolos, todos los músculos posteriores del cuerpo.
- Ejerce un masaje sobre el colon, los intestinos y diversos órganos abdominales; en las mujeres, favorece el buen funcionamiento de los ovarios, y en los hombres, de la próstata.
- Dota de flexibilidad a la espina dorsal.
- Equilibra el sistema nervioso y tranquiliza.
- Previene la escoliosis y colabora en el desarrollo armónico de todo el cuerpo.

Postura de la cobra

- Debe realizarse tal y como ha sido explicada en el primer programa, manteniéndola durante el tiempo indicado y ejecutándola cuatro veces (véase dibujo en la pág. 61).

Postura del saltamontes

- Boca abajo, en el suelo, con los brazos situados a ambos lados del cuerpo.

- Fija la barbilla contra el suelo e introduce las manos debajo de los muslos, con las palmas hacia arriba y presionando el suelo con el dorso. También puedes agarrarte las manos debajo de los muslos.
- Presionando con las manos y los brazos vigorosamente contra el suelo, eleva en el aire ambas piernas, manteniéndolas tan estiradas y juntas como puedas y, si es posible, despegando el vientre del suelo.
- Mantén la postura el tiempo indicado y luego deshazla y relájate (véase dibujo en la pág. 70).

Tiempo: 10 segundos. Se ejecuta tres veces.

Beneficios

- Fortalece excepcionalmente el cuerpo, activa la acción cardiaca y aumenta la capacidad de resistencia del organismo.
- Favorece a los alvéolos pulmonares.
- Endurece la musculatura abdominal.
- Ejerce un profundo y altamente beneficioso masaje sobre toda la región lumbar.
- Robustece los músculos pectorales, los dorsales, el trapecio y los deltoides.

Media postura del arco

- En el suelo, boca abajo, entrelaza las manos en la espalda y estira vigorosamente los brazos.
- Arquea el cuerpo tanto como puedas, suspendiendo el peso del mismo sobre el vientre y dejando el resto en el aire, con la cabeza bien atrás y las piernas tan estiradas como te sea posible.
- Mantén la postura el tiempo indicado, sin forzar en exceso, deshazla y relájate.

Tiempo: 10 segundos. Se efectúa la postura tres veces.

Beneficios

- Estimula el riego sanguíneo de todo el cuerpo.
- Ejerce un masaje muy profundo sobre los órganos abdominales y mejora, en general, su funcionamiento, es decir, el de todo el aparato digestivo, favoreciendo la digestión y previniendo contra la dispepsia y el estreñimiento.
- Fortalece todos los músculos del tronco.
- Desbloquea e induce a la relajación profunda.

• Fortalece los músculos cardiacos.
• Previene la obesidad abdominal.

Postura del columpio

• Túmbate en el suelo, sobre la espalda, manteniendo las piernas juntas.
• Entrelaza las manos en la nuca y eleva tanto como puedas el tronco y las piernas, presionando firmemente las manos contra la nuca y formando una uve con el cuerpo.
• Mantén la postura el tiempo indicado, con todo el peso sobre las nalgas y con las piernas estiradas si puedes. Deshaz luego la postura y relájate.

Tiempo: 10 segundos. Se efectúa la postura tres veces.

Beneficios

• Aumenta la capacidad y el sentido del equilibrio.
• Ejerce un profundo y beneficioso masaje sobre los glúteos y fortalece el hueso sacro.

- Estimula considerablemente el riego sanguíneo de todas las zonas del cuerpo.
- Tonifica todos los músculos y los nervios.
- Estimula el ánimo.

Respiraciones completas

Con retención de 6 segundos.

Síntesis del programa

- Postura sobre la pierna: dos veces sobre cada pierna.
- Postura de la cobra: cuatro veces.
- Postura del saltamontes: tres veces.
- Media postura del arco: tres veces.
- Postura del columpio: tres veces.
- Respiraciones completas con retención de 6 segundos: 5 minutos.
- Relajación: 5 minutos.

Séptimo programa

Postura de la cabeza de vaca

- Siéntate en el suelo, con las piernas juntas y estiradas.
- Dobla la pierna derecha e introduce el pie bajo las nalgas, sentándote así sobre el pie derecho. Flexiona ahora la pierna izquierda y crúzala totalmente sobre la derecha, llevando el talón derecho al comienzo del muslo izquierdo, dejando la punta del pie en el suelo.
- Lleva el brazo derecho, doblándolo hacia atrás, a la parte inferior de la espalda, y el brazo izquierdo, colocándolo al lado de la cara, hacia la espalda, de manera que aproximes las manos (o incluso puedas agarrarlas) en la espalda, como se ilustra en el dibujo.
- Regulando la respiración, con el tronco y la cabeza erguidos, mantén la postura el tiempo indicado; luego la deshaces lentamente y la inviertes.

Tiempo: 15 segundos. Se realiza una vez sobre cada pierna.

Beneficios

- Tonifica todos los músculos del pecho y de la espalda.
- Dota de elasticidad a todas las articulaciones, tanto de las extremidades inferiores como de las superiores.
- Aumenta y favorece la capacidad respiratoria.
- Mejora el riego sanguíneo de las piernas y de la región pélvica.
- Corrige posturas incorrectas de la espina dorsal.
- Elimina contracturas y crispaciones del tronco.
- Ensancha la caja torácica.

Postura de la extensión lateral

- Siéntate en el suelo y separa las piernas tanto como puedas, sin forzar.
- Con lentitud, inclínate hacia el lado izquierdo y, doblando ligeramente la pierna izquierda, apoya el costado izquierdo sobre la misma.
- Sitúa el codo izquierdo sobre el suelo y la cara sobre la palma de la mano, como se ilustra en el dibujo correspondiente.

- Mantén la postura el tiempo indicado, atento y con la respiración regular, para luego deshacerla y ejecutarla sobre la otra pierna.

Tiempo: 15 segundos. Dos veces por cada lado.

Beneficios

- Fortalece considerablemente las regiones coccígea, sacra y lumbar.
- Tonifica todos los músculos y los nervios abdominales.
- Fortalece el hueso sacro, la región pélvica y los glúteos.
- Mejora el riego sanguíneo de las piernas.
- Ejerce un saludable masaje sobre los órganos abdominales.

Postura del giro

- Siéntate en el suelo con las piernas juntas y estiradas. Flexiona las piernas hacia la derecha tanto como puedas y sitúalas como indica el dibujo.

- Gírate en la medida de lo posible hacia la izquierda, tronco, cabeza y hombros, y con el brazo izquierdo envuelve tu cuerpo.
- Mantén la postura el tiempo indicado, para luego deshacerla y efectuarla hacia el otro lado.

Tiempo: 20 segundos por cada lado. Dos veces por cada lado.

Beneficios

- Estimula músculos pectorales, dorsales, deltoides, trapecio y cuello.
- Dota de flexibilidad a la espina dorsal y favorece a las vértebras.
- Previene contra la escoliosis.
- Tonifica los nervios espinales y estimula el estado anímico.
- Ejerce masaje sobre los intestinos y mejora su funcionamiento.

Postura intercostal

- De pie, con las piernas juntas y los brazos a ambos lados del cuerpo.
- Separa las piernas y coloca las manos en las caderas.
- Inclina lentamente el tronco hacia la izquierda, en lateral, tanto como puedas, y dirige la cara hacia el suelo; las piernas rectas.
- Mantén la postura el tiempo que se indica, la deshaces y la efectúas hacia el otro lado.

Tiempo: 30 segundos por cada lado. Se hace dos veces hacia uno y otro lado.

Beneficios

- Ejerce masaje sobre el páncreas, el hígado y el bazo.
- Dota de elasticidad a la espina dorsal hacia los lados.
- Tonifica los músculos del cuello y estira y revitaliza los de los costados.
- Elimina tensiones en espalda y hombros.

Postura sobre la pierna flexionada

- De pie, con las piernas juntas y los brazos a ambos lados del cuerpo.
- Separa considerablemente las piernas, pero con cuidado.
- Dobla la pierna derecha y lleva la mano izquierda hasta el lado del pie derecho, situando la palma de la mano en el suelo, en tanto, como se ilustra en el dibujo, proyectas el brazo derecho al frente y diriges el rostro hacia la mano derecha.
- Mantienes la postura el tiempo indicado, la deshaces lentamente y la ejecutas hacia el otro lado.

Tiempo: 20 segundos sobre cada pierna. Se ejecuta dos veces por cada lado.

Beneficios

- Fortalece todos los músculos, nervios y articulaciones de las piernas.
- Mejora el sistema circulatorio y el aparato digestivo.
- Aumenta la capacidad de resistencia del cuerpo.

- Vigoriza de modo especial los gemelos.
- Flexibiliza los músculos de las piernas y fortalece la pelvis.

Respiraciones rítmicas con 4 segundos de retención

Procede de la siguiente manera:

- Haz una inspiración completa, como en las respiraciones completas.
- Retén el aire a pulmón lleno contando hasta cuatro.
- Haz una exhalación completa.
- Retén el aire a pulmón vacío 4 segundos, para volver a inhalar.

Ejercítate 5 minutos, sin forzar y muy atento, tumbado sobre la espalda.

Síntesis del programa

- Postura de la cara de vaca: una vez sobre cada pierna.
- Postura de extensión lateral: dos veces por cada lado.
- Postura del giro: dos veces por cada lado.
- Postura intercostal: dos veces por cada lado

- Postura sobre la pierna flexionada: dos veces por cada lado.
- Respiraciones rítmicas: 5 minutos.
- Relajación: 5 minutos.

Octavo programa

Postura del diamante en extensión

- Efectúa la postura del diamante, tal como se ha indicado en el tercer programa (véase dibujo en la pág. 76).
- Inclínate con el tronco hacia atrás y apoya las manos en el suelo.
- Con cuidado, continúa llevando el tronco hacia atrás y apóyate en los antebrazos.
- Sigue echándote hacia atrás hasta que toda la espalda y el occipucio queden firmemente apoyados en el suelo.
- Coloca las manos debajo de la nuca o en los muslos. Regula la respiración y mantén la postura el tiempo indicado.
- Para deshacer la postura, sírvete de nuevo de los bra-

zos y de las manos, para ir irguiendo el tronco y regresando a la posición de partida.

Tiempo: 20 segundos. Una vez.

Beneficios

- Se estiran músculos del pecho, abdomen y cara alta de los muslos.
- Se ejerce un masaje muy penetrante sobre la región lumbar, favoreciendo ampliamente a esta zona.
- Se equilibra el sistema nervioso.
- Se previene contra la indigestión, la dispepsia, el insomnio, la ansiedad y la psicastenia.
- Se dotan de elasticidad a las articulaciones de las piernas.

Postura de extensión sobre la pierna variante

- Siéntate en el suelo con las piernas juntas y estiradas.
- Flexiona la pierna derecha hacia fuera y coloca el pie derecho junto a la nalga derecha.
- Inclina el tronco hacia la pierna izquierda, llevando la cara hacia la misma y agarrando con las manos el pie o el tobillo izquierdo.

• Mantén la postura el
tiempo indicado, des-
hazla lentamente y
ejecútala hacia el otro
lado.

Tiempo: 20 segundos. Dos veces por cada lado.

Beneficios

• Ejerce masaje sobre el páncreas, el hígado, el bazo, el
estómago y los intestinos, beneficiándolos.
• Endereza, fortalece y flexibiliza la espina dorsal.
• Evita crispaciones, distiende e induce a la relajación
profunda.
• Tranquiliza el sistema nervioso y pacifica las emociones.

Postura de caimán

• Extiéndete en el suelo boca abajo.
• Apoya firmemente las palmas de las manos contra el
suelo, a la altura de los hombros.
• Lentamente, ve estirando por completo los brazos y
arqueando el tronco.

- Estira las rodillas, de modo que todo el peso del cuerpo quede suspendido solo entre las palmas de las manos y las puntas de los pies.

- Echa la cabeza hacia atrás, mantén la postura el tiempo indicado y luego deshaz y relájate.

Tiempo: 10 segundos. Se realiza tres veces.

Beneficios

- Resulta excepcional para el fortalecimiento de todo el cuerpo y, de manera especial, para la columna vertebral.
- Favorece el buen desarrollo de la musculatura esquelética de los niños.
- Mejora el riego sanguíneo.
- Estimula la acción cardiaca.

Postura del desbloqueamiento

- Siéntate en el suelo con las piernas juntas y estiradas.
- Entrelaza las manos en la espalda, estirando los brazos de forma vigorosa.

- Inclina el tronco hacia delante hasta donde puedas, elevando los brazos y aproximando la cara a las piernas.
- Mantén la postura el tiempo indicado, deshazla y relájate.

Tiempo: 20 segundos. Tres veces.

Variante

Se puede efectuar también con las piernas separadas, pero hay que evitar siempre cualquier esfuerzo excesivo e ir realizando esfuerzos paulatinos.

Beneficios

- Elimina o ayuda a eliminar crispaciones, tensiones y contracturas de la espalda, favoreciendo la relajación profunda y reparadora.
- Estira todos los músculos posteriores del cuerpo.
- Fortalece los músculos dorsales y pectorales.
- Dota de flexibilidad a la articulación del hombro.
- Masajea los órganos abdominales, mejorando su funcionamiento.
- Seda el sistema nervioso.

Postura de cocodrilo

- Extiéndete en el suelo, boca abajo.
- Sitúa las palmas de las manos en la nuca y arquea tanto como puedas el cuerpo, elevando las piernas y el tronco y suspendiendo el peso del mismo sobre el vientre.
- Echa la cabeza atrás y sostén las piernas estiradas. Después de mantener la postura el tiempo indicado, la deshaces para relajarte.

Tiempo: 10 segundos. Se hace la postura cuatro veces.

Beneficios

• Fortalece todos los músculos del cuerpo.
• Previene contra trastornos del aparato digestivo.
• Mejora el riego sanguíneo de todo el cuerpo.
• Tonifica los músculos cardiacos.
• Combate la adiposidad del abdomen.

Respiraciones cuadradas

Extendido en el suelo, sobre la espalda, bien relajado, toma el aire lentamente por la nariz y dirígelo al tórax (no al estómago), controlando ligeramente la musculatura abdominal (no se dilata, sino que se contrae un poco). Se retiene el aire el mismo tiempo que se ha demorado en inhalarlo, para a continuación expulsarlo en el mismo tiempo y retener a pulmón vacío también el mismo tiempo. Precisamente, se denominan respiraciones cuadradas porque las cuatro fases duran lo mismo. El tiempo de cada fase depende del invertido en la inhalación. Si se requieren 5 segundos para inhalar, todas las fases subsiguientes (retención a pulmón lleno, exhalación y retención a pulmón vacío) durarán 5 segundos.

Esta respiración, que se ejecutará durante 5 minutos, armoniza todas las funciones del cuerpo; es una gimnasia para los pulmones y previene contra diversos trastornos de las vías respiratorias; seda el sistema nervioso; energetiza, y aumenta la capacidad de concentración del niño o el adolescente.

Síntesis del programa

- Postura del diamante en extensión: una vez.
- Postura de extensión sobre la pierna variante: dos veces sobre cada pierna.
- Postura del caimán: tres veces.
- Postura de desbloqueamiento: tres veces.
- Postura del cocodrilo: cuatro veces.
- Respiraciones cuadradas: 5 minutos.
- Relajación: 5 minutos.

Noveno programa

Postura de la armonía

- Siéntate en el suelo con las piernas juntas y estiradas.
- Flexiona hacia dentro la pierna izquierda y coloca el talón izquierdo cerca de la nalga derecha.
- A continuación, dobla la pierna derecha y crúzala tanto como puedas sobre la izquierda, aproximando el pie a la nalga izquierda.
- Se produce, pues, un cruce de piernas y la rodilla derecha se aproxima a la rodilla izquierda.
- Mantén el tronco y la cabeza bien erguidos y sitúa las manos en la rodilla de la pierna que permanece arriba.
- Deshaz la postura lentamente y, a continuación, invierte la posición de las piernas.

Tiempo: 20 segundos por cada lado.

Beneficios

- Dota de gran elasticidad a las articulaciones de las piernas.
- Fortalece el hueso sacro.
- Tonifica la región pélvica.
- Permite mantener erguida y en posición correcta la columna vertebral.
- Favorece el riego sanguíneo de las extremidades inferiores.
- Pacifica la actividad mental.

Postura sobre los glúteos

- Siéntate en el suelo con las piernas juntas y estiradas.
- Apoya las palmas de las manos en el suelo y echa el tronco hacia atrás.
- Bien estiradas y juntas, eleva las piernas en el aire, depositando el peso del cuerpo sobre las palmas de las manos y las nalgas.
- Mantén la postura el tiempo indicado, y luego deshazla y relájate.

Tiempo: 15 segundos. Tres veces.

Beneficios

- Fortalece los músculos abdominales.
- Tonifica las regiones coccígea, sacra y lumbar.
- Fortalece el hueso sacro y la región pélvica.
- Estimula los músculos deltoides y trapecio.
- Tonifica la musculatura dorsal.

Postura de la nave

- Extiéndete en el suelo, boca abajo, con los brazos a lo largo del cuerpo y las palmas de las manos vueltas hacia arriba.
- Arquea el tronco tanto como te sea posible, desplazando todo el peso del cuerpo hacia el estómago, que queda firmemente apoyado en el suelo. Mantén, en lo posible, las piernas juntas y rectas y la cabeza bien atrás.
- Después de sostener la postura durante el tiempo indicado, deshazla y relájate.

Tiempo: 10 segundos. Cuatro veces.

Beneficios

- Fortalece el corazón.
- Aumenta la capacidad de resistencia de todo el cuerpo.
- Robustece todo el aparato locomotor.
- Ejerce un profundo masaje sobre todas las vísceras abdominales.
- Previene contra aerofagia, indigestión y gastritis.
- Endurece los músculos del abdomen.
- Tonifica la región lumbar.
- Mejora el riego sanguíneo del organismo.

Postura del triángulo

- De pie, con las piernas juntas y los brazos a ambos lados del cuerpo.
- Separa las piernas y coloca los brazos en cruz, con las palmas de las manos hacia el suelo.
- Ve inclinando lentamente el tronco, en lateral, hacia la derecha, hasta colocar la mano en el tobillo derecho o en el pie.

• Mantén la cara mirando hacia arriba, los brazos y las piernas bien estirados y la respiración regular. Permanece en la postura el tiempo indicado, deshazla lentamente y a continuación ejecútala hacia la izquierda.

Tiempo: 20 segundos. Se realizará dos veces por cada lado.

Beneficios

• Ejerce masaje sobre el páncreas, el hígado y el bazo.
• Fortalece las extremidades inferiores y mejora su riego sanguíneo.
• Estira y revitaliza músculos y nervios intercostales.
• Favorece a toda la espina dorsal.
• Fortalece los músculos del cuello.
• Armoniza los dos lados del cuerpo.
• Favorece el crecimiento equilibrado.

Postura de árbol

• De pie, con las piernas juntas y los brazos a ambos lados del cuerpo.
• Flexiona la pierna derecha y coloca el pie sobre la cara alta del muslo izquierdo.

- Eleva los brazos por encima de la cabeza y une las palmas de las manos. Todo el peso del cuerpo queda sobre el pie izquierdo.
- Trata de estar concentrado para poder mantener el equilibrio.
- Mantén la postura el tiempo indicado, deshazla y efectúala por el otro lado.

Tiempo: 10 segundos por cada lado. Haz la postura dos veces con cada pierna.

Beneficios

- Desarrolla el sentido del equilibrio, lo que resulta esencial para el niño y el adolescente.
- Aumenta la capacidad de concentración.
- Mejora la conexión de la mente con el cuerpo y perfecciona la armonía psicosomática.
- Fortalece las venas, los músculos y los nervios de las piernas.

Respiraciones tonificantes

Sentado, con las piernas cruzadas y el tronco y la cabeza erguidos, inhala lentamente por la nariz hasta llenar el tórax (es respiración básicamente torácica) de aire, a la vez que vas contrayendo los músculos abdominales. Retén el aire 3 o 4 segundos, y luego exhala tan lentamente como puedas y, si es posible, aproximadamente en el doble de tiempo que inhalaste, o sea, que si, por ejemplo, necesitaste contar hasta cinco para inhalar, trata de expulsar el aire contando hasta diez.

Es decir:

- Inhalación con control del abdomen hasta llenar los pulmones por completo.
- Retención de 3 o 4 segundos, aproximadamente.
- Exhalación en el doble de tiempo que la inhalación, aproximadamente.
- La inhalación y la exhalación han de ser siempre por la nariz.
- Esta respiración es sumamente tonificante, purifica el cerebro y las vías respiratorias, estimula la acción cardiaca, aumenta el apetito, incrementa las energías y fortalece la atención mental.
- Se efectúa la respiración durante 5 minutos, sin forzar.

Síntesis del programa

- Postura de la armonía: una vez.
- Postura sobre los glúteos: tres veces.
- Postura de la nave: cuatro veces.
- Postura del triángulo: dos veces por cada lado.
- Postura del árbol: dos veces sobre cada pierna.
- Respiraciones tonificantes: 5 minutos.
- Relajación: 5 minutos.

Décimo programa

Postura perfecta

- Siéntate en el suelo con las piernas juntas y estiradas.
- Desplaza la pierna izquierda hacia la izquierda y dobla la pierna derecha hacia dentro, dejando el talón derecho junto al perineo, entre los genitales y el ano.
- Flexiona la pierna izquierda y coloca el pie encima de la pantorrilla derecha, con lo que se produce un cruce de tobillos.
- Mantén la cabeza y el tronco erguidos, la respiración pausada y la mente atenta.
- Tras efectuar la postura el tiempo fijado, deshazla y cambia la posición de las piernas.

Tiempo: 30 segundos. Una vez sobre cada pierna.

Beneficios

- Fortalece las piernas en general.
- Dota de mucha elasticidad a la articulación de la rodilla y a la articulación del tobillo.
- Mejora el riego sanguíneo de las extremidades inferiores.
- Fortalece la región pélvica.
- Descansa el sistema nervioso y apacigua la mente.

Postura de la pinza

Este postura debe realizarse tal y como se ha explicado en el primer programa (véase dibujo en la pág. 59).

Postura del masaje abdominal

- Extiéndete en el suelo, sobre la espalda.
- Dobla las piernas, manteniéndolas juntas, y rodea las rodillas con las manos, atrayendo las piernas hacia el tronco tanto como puedas y presionando los muslos contra el estómago.
- Lleva la cara tan cerca como puedas de las rodillas.

Tiempo: 20 segundos.
Ejecuta la postura dos
veces.

Beneficios

- Ejerce un beneficioso masaje sobre todos los órganos abdominales.
- Favorece a los ovarios en las mujeres y a la próstata en los hombres.
- Mejora el funcionamiento de la vejiga.
- Revitaliza los músculos de la espalda y del cuello.
- Estimula el funcionamiento de los riñones.
- Previene contra dispepsia, indigestión y aerofagia.

Postura de la cobra

Tal como se indica en el sexto programa (véase dibujo en la pág. 61).

Media postura de Matyendra

- Siéntate en el suelo con las piernas juntas y estiradas.
- Flexiona la pierna izquierda y coloca el talón del pie en la raíz del muslo derecho por su cara exterior.
- Dobla la pierna derecha y sitúa la planta del pie en el suelo junta a la cara anterior del muslo izquierdo y cerca de la rodilla.
- Ladea erguidamente el tronco hacia el lado derecho hasta donde puedas, pasando el brazo izquierdo por encima de la pierna derecha. Sitúa la mano en la rodilla izquierda o en el tobillo izquierdo. Envuelve tu cuerpo con el brazo derecho por la espalda y dirige la cabeza hacia el hombro derecho; todo ello como se ilustra en el dibujo.
- Mantén la postura el tiempo indicado y luego hazla por el otro lado.

Tiempo: 20 segundos. Dos veces por cada lado.

Beneficios

• Dota de elasticidad a la columna vertebral en general.
• Previene contra la escoliosis y otros trastornos de la columna vertebral.
• Ejerce un beneficioso masaje sobre las vísceras abdominales.
• Mantiene la elasticidad de todo el cuerpo.
• Tonifica los nervios espinales.
• Favorece y revitaliza los ligamentos de las vértebras.
• Beneficia el sistema simpático.
• Fortalece el deltoides y el trapecio.
• Previene las anomalías del hígado y de los riñones.
• Estira y revitaliza los músculos del cuello.
• Previene contra el lumbago, el reumatismo y la constipación.

Respiraciones tranquilizantes

Sentado, con la columna vertebral bien erguida, inhala lentamente por la nariz hasta llenar todo el tórax; en tanto, mantén controlados los músculos del abdomen para que este no se dilate. Después de llenar el tórax al máximo sin forzar, retienes el aire 4 segundos. A continuación, cierras el orificio derecho de la nariz con el dedo pulgar de la mano derecha y tratas de expulsar el aire en el doble de tiempo, aproximadamente, que lo tomaste.

La inhalación es siempre por ambas fosas nasales y la exhalación por la fosa nasal izquierda en el doble de tiempo. Así:

• Inhalación por ambas fosas nasales.
• Retención de 4 segundos.
• Exhalación en el doble de tiempo que la inhalación, aproximadamente, por la fosa nasal izquierda.

Esta respiración fortalece y purifica los pulmones, aumenta los caudales de energía, intensifica la capacidad de concentración y seda el sistema nervioso, estabilizando el carácter y equilibrando el comportamiento, reduce la ansiedad, la agresividad y el nerviosismo general.

Síntesis del programa

• Postura perfecta: una vez sobre cada pierna.
• Postura de la pinza: tres veces.
• Postura de masaje abdominal: dos veces.
• Postura de la cobra: cuatro veces.

- Media postura de Matyendra: dos veces por cada lado.
- Respiraciones tranquilizantes: 5 minutos
- Relajación: 5 minutos.

Undécimo programa

Postura de extensión sobre la pierna

Sigue las indicaciones explicadas sobre esta postura en el tercer programa (véase dibujo en la pág. 77).

Postura de masaje renal

Sigue las indicaciones sobre la postura señaladas en el segundo programa (véase dibujo en la pág. 69).

Postura de la doble uve

- Siéntate en el suelo, con las piernas juntas y estiradas.
- Separa las piernas y déjalas flexionadas, para inclinar el tronco hacia delante y agarrar las plantas de los pies con las respectivas manos, o también puedes agarrar los dedos de los pies.

- Eleva las piernas en el aire y suspende todo el peso del cuerpo sobre las nalgas, con piernas y brazos estirados. La cara debe mirar hacia delante.
- Mantén la postura el tiempo indicado y relájate.

Tiempo: 15 segundos. Se hace la postura dos veces.

Beneficios

- Vigoriza todo el organismo, fortaleciendo considerablemente músculos y nervios.
- Activa la circulación sanguínea.
- Fortalece las regiones coccígea, sacra y abdominal.
- Mejora el funcionamiento de riñones y glándulas suprarrenales.
- Previene contra el lumbago, la constipación y los desplazamientos de la columna vertebral.
- Desarrolla el sentido del equilibrio y aumenta el apetito.

Postura de avión

• Extiéndete en el suelo, boca abajo.
• Coloca los brazos en cruz.

• Arquea el cuerpo tanto como puedas, elevando el pecho y las piernas en el aire y llevando atrás la cabeza, suspendiendo todo el peso del cuerpo sobre el vientre.
• Mantén la postura durante el tiempo indicado y luego deshazla y relájate.

Tiempo: 10 segundos. Tres veces.

Beneficios

• Fortalece la columna vertebral y la dota de flexibilidad.
• Estimula los pares de nervios espinales.
• Ejerce masaje sobre la cavidad abdominal, mejorando el funcionamiento de los órganos de la misma.
• Vigoriza las musculaturas dorsal y pectoral.

- Beneficia a los pulmones, al corazón y al cerebro.
- Previene contra trastornos del aparato locomotor.
- Combate la agitación mental y propicia un estado de relajación profunda.

Postura de la alondra

- Siéntate en el suelo, con las piernas estiradas.
- Dobla hacia dentro la pierna derecha.
- Seguidamente, desplaza hacia atrás la pierna izquierda, estirándola tanto como puedas y dejando el peso del cuerpo sobre la pierna derecha y la parte anterior de la pierna izquierda.
- Mantén el tronco y la cabeza erguidos y coloca los brazos en cruz. Después de observar el tiempo de mantenimiento de la postura, deshazla y ejecútala por el otro lado.

Tiempo: 20 segundos. Dos veces

Beneficios

- Despereza y desbloquea todo el cuerpo.
- Estira los músculos del tronco y de las piernas, revitali-zándolos.
- Fortalece la región pélvica.
- Dota de flexibilidad a las ingles.
- Desarrolla el sentido del equilibrio.
- Unifica mente y cuerpo.
- Ejerce un saludable masaje sobre la región lumbar.

Respiraciones alternadas

Vas a servirte de los dedos anular e índice de la mano derecha para cerrar las fosas nasales, según se explica en el ejercicio. Procede de la siguiente manera, después de haberte sentado con el tronco erguido:

- Tapona con el pulgar de la mano derecha el orificio nasal derecho y toma el aire por el izquierdo, llevándolo hacia los pulmones, inhalando cuanto puedas, pero sin forzar.
- Después de haber inhalado, abre la fosa nasal derecha y con el índice tapa la izquierda y echa el aire por la fosa nasal derecha en el mismo tiempo que lo tomaste.
- Taponando la fosa nasal izquierda, toma el aire por la derecha, luego, taponando la derecha, expúlsalo

por la izquierda. Procede alternando una y otra fosa durante 5 minutos. Para que no te equivoques, ten en cuenta siempre lo siguiente:

a) Siempre se expulsa el aire por la fosa nasal opuesta a la que se tomó.
b) Siempre se toma el aire por la misma fosa que se exhaló.

Esta respiración procura muchos beneficios físicos, mentales y psicosomáticos. Purifica el cerebro y las vías respiratorias, compensa el sistema de energías, estimula las vías respiratorias y favorece los pulmones, seda el sistema nervioso autónomo y desarrolla la concentración.

Síntesis del programa

• Postura de extensión sobre la pierna: dos veces por cada lado.
• Postura de masaje renal: cuatro veces.
• Postura de la doble uve: dos veces.
• Postura del avión: tres veces.
• Postura de la alondra: dos veces por cada lado.
• Respiraciones alternadas: 5 minutos.
• Relajación: 5 minutos.

Duodécimo programa

Postura de la torsión

Sigue las indicaciones que aparecen en el segundo programa (véase dibujo en la página 71).

Postura de cuclillas

• Colócate en cuclillas sobre la punta de los pies.
• Abraza vigorosamente las piernas a la altura de las rodillas.
• Mantén la cabeza erguida y el equilibrio.

Tiempo: 15 segundos. Dos veces.

Beneficios

• Favorece al aparato urogenital.
• Combate la pereza intestinal y previene contra la constipación.

- Estimula muy benéficamente toda la musculatura de las piernas.
- Dota de flexibilidad a la articulación de la rodilla.
- Fortalece los pies.

Postura sobre los pies y las manos

- Colócate de rodillas.
- Apóyate firmemente con las palmas de las manos sobre el suelo, a ambos lados del cuerpo, a la vez que desplazas la pierna izquierda hacia delante y la derecha hacia atrás.
- Permite que la planta del pie izquierdo permanezca sobre el suelo, en tanto que son los dedos del pie derecho los que se meten hacia dentro y quedan en el suelo.
- Mira hacia delante y trata de no hacer ningún esfuerzo excesivo y de mantener la postura bien equilibrada. El estómago y parte del pecho quedan apoyados sobre el muslo izquierdo; todo ello como se ilustra en el dibujo correspondiente.
- Mantenida la postura el tiempo indicado, la deshaces y cambias la posición de las piernas.

Tiempo: 15 segundos. Se hace solo una vez por cada lado.

Beneficios

- Es una postura extraordinaria para beneficiar las piernas, en general, y las regiones coccígea, sacra y lumbar.
- Estimula el riego sanguíneo de las extremidades inferiores.
- Fortalece las piernas y los brazos.
- Aumenta la capacidad de resistencia del organismo.
- Fortalece la base de la espina dorsal.
- Tonifica los músculos dorsales y los nervios espinales.

Postura de ave

- Colócate boca abajo en el suelo, con las piernas juntas y estiradas.
- Apoya las palmas de las manos en el suelo, aproximadamente a ambos lados de los hombros.
- Introduce hacia dentro los dedos de los pies.
- Eleva el cuerpo en el aire, tratando de que esté totalmente erguido del cuello a los talones,

dejando que todo el peso descanse sobre los dedos de los pies y las palmas de las manos.

Tiempo: 10 segundos. Tres veces

Beneficios

• Favorece el crecimiento.
• Potencia todo el sistema neuromuscular.
• Estimula el riego sanguíneo general, mejorando el funcionamiento del sistema circulatorio.
• Aumenta el apetito y favorece el sueño.

Postura del tronco invertido

• De pie, con las piernas juntas y los brazos a ambos lados del cuerpo.
• Separa muy considerablemente las piernas, pero sin forzar, con las plantas de los pies firmemente apoyadas en el suelo y evitando perder el equilibrio.
• Inclina lentamente el tronco hacia delante y lleva las manos a las espinillas,

manteniendo las piernas bien estiradas y, si te es posible, depositando en el suelo la cima de la cabeza.

• Deshaz con mucho cuidado la postura, tratando de no perder el equilibrio, y relájate.

Tiempo: 20 segundos. Se ejecuta dos veces.

Beneficios

• Abastece de abundante sangre a la parte alta del cuerpo, mejorando el funcionamiento del cerebro, de los órganos sensoriales y de la glándula tiroides.
• Aumenta la capacidad de memoria y concentración.
• Regula la tensión y favorece la acción cardiaca.
• Dota de flexibilidad a los músculos de las piernas.
• Fortalece la espina dorsal y le proporciona elasticidad hacia delante.

Postura del poste

• Colócate de pie con los brazos a lo largo del cuerpo.
• Eleva los brazos por encima de la cabeza, bien estirados, y junta las palmas de las manos.
• Adelanta el pie izquierdo y flexiona la pierna izquierda por la rodilla, manteniendo estirada la pierna derecha,

con el tronco y la cabeza erguidos. Permanece en la postura el tiempo indicado, deshazla y repite con el otro lado.

Tiempo: 30 segundos sobre cada pierna. Una vez por cada lado.

Beneficios

• Estimula el sentido del equilibrio.
• Aumenta la capacidad de concentración.
• Favorece la armonización del cuerpo y de la mente.
• Fortalece las piernas y la base de la espina dorsal.

Respiraciones alternadas

Llévalas a cabo tal como han sido explicadas en el programa anterior.

Síntesis del programa

- Postura de la torsión: dos veces por cada lado.
- Postura de cuclillas: dos veces.
- Postura sobre los pies y las manos: una vez por cada lado.
- Postura del ave: tres veces.
- Postura del tronco invertido: dos veces.
- Postura del poste: una vez sobre cada pierna.
- Respiraciones alternadas: 5 minutos.
- Relajación: 5 minutos.

La práctica de la relajación

Para la práctica de la relajación se requiere:

- Una superficie en la que echarse que no resulte ni excesivamente blanda ni excesivamente dura, por lo que pueden servir muy bien una manta doblada, una moqueta, una alfombra, una colchoneta o algo similar.
- Unas prendas holgadas y cómodas.
- Una habitación lo más silenciosa posible.
- Evitar ser molestado durante la práctica de la relajación.
- Extenderse de espaldas sobre la superficie seleccionada, colocando los brazos a ambos lados del cuerpo y la cabeza en el punto de mayor comodidad.
- Ir sintiendo las diferentes zonas del cuerpo y aflojando.

Es posible relajarse uno mismo, o bien hacerlo con la ayuda, y la voz, de otra persona. Exponemos ambas posibilidades.

Durante la relajación, los ojos deben estar cerrados y la respiración, en lo posible, será pausada y nasal. Antes de abandonar la sesión de relajación, el niño o el adolescente siempre debe:

- Respirar varias veces muy profundamente.
- Ir moviendo las manos, los brazos, los pies y las piernas.
- Salir lentamente de la relajación, es decir, no hacerlo de manera brusca y precipitada.

Una sesión de relajación puede durar de 5 a 15 o 20 minutos. Se puede hacer una relajación después de la tabla de posiciones, o bien independientemente de la misma.

El secreto del éxito de la relajación no es otro que practicarla con asiduidad. De ese modo, cada día se obtienen fases más profundas, y, por tanto, benéficas y reparadoras, de relajación. Al principio, el niño puede moverse demasiado o estar inquieto, pero enseguida irá superando esa movilidad, sobre todo si aprende a relajarse con la ayuda (y la voz) de otra persona, que es lo más conveniente hasta que aprenda a relajarse bien por sí mismo, y emprenda la experiencia en solitario.

El niño no debe en absoluto asustarse si siente el cuerpo caliente, pesado, liviano o pierde un poco el sentido del tiempo, del espacio, de la noción del cuerpo o del lugar. Hay que explicarle que todo ello son síntomas de una buena relajación.

Técnica de la relajación

Extendido sobre la espalda, las piernas ligeramente separadas y los brazos a ambos lados del cuerpo, los ojos cerrados y la respiración pausada, se procede del siguiente modo:

- Dirige la mente a los pies y las piernas y trata de sentir flojos los músculos de estas partes del cuerpo. Todos los músculos de estas zonas deben irse soltando, cada vez más, hasta que estén completamente relajados. Mentalmente te dices: «Todos los músculos de mis pies y de mis piernas se aflojan más y más, profundamente, más y más, profundamente».
- Conduce a continuación la mente al estómago y al pecho. Afloja todos los músculos de estas zonas. Ve poniéndolos más y más flojos, más y más flojos, muy relajados. Te dices mentalmente: «Todos los músculos de mi estómago y de mi pecho se relajan más y más, más y más, profundamente, profundamente».
- Siente seguidamente la espalda, los brazos y los hombros. Todos los músculos de estas áreas se van poniendo más y más flojos, sueltos, abandonados, más y más flojos, sueltos, abandonados. Te dices mentalmente: «Los músculos de mi espalda, los brazos y los hombros se aflojan, se sueltan, se relajan más y más, más y más».

- Fija tu atención en el cuello. Siente cómo todos los músculos del cuello se van también relajando, aflojando, soltando profundamente. Te dices mentalmente: «Los músculos de mi cuello se aflojan, se sueltan, se ponen blandos y relajados, muy blandos y relajados».

- Ahora fija la atención en la cara. Ve aflojando todas las partes de la cara: se suelta la mandíbula, los labios, las mejillas y los ojos, así como todos los músculos de la frente. Te dices mentalmente: «Mi mandíbula se relaja más y más, profundamente; los labios se van poniendo flojos y sueltos, relajados; las mejillas, blandas; los párpados, profundamente relajados, sueltos y relajados, todos los músculos de la cara se aflojan más y más, profundamente».

- Siente cómo todo el cuerpo se va poniendo más flojo, más y más flojo, y te dices: «Todo mi cuerpo está flojo, suelto, relajado; muy flojo, muy suelto, muy relajado. Y cada vez se va relajando más y más, profundamente. Me estoy relajando más y más, más y más».

- Trata de estar atento y sentirte muy a gusto, con todo el cuerpo flojo y la mente muy tranquila. Estás muy a gusto y te dices mentalmente: «Estoy muy a gusto, muy tranquilo. Me siento muy bien, muy relajado y satisfecho».

- Siente la respiración. Respira lentamente. La respiración es como una ola que viene y va y te relaja y tranquiliza más y más. Te dices mentalmente: «Siento agradablemente la respiración. Es como una ola maravillosa que se relaja y me tranquiliza más y más, más y más. Estoy muy relajado y a gusto, muy relajado y a gusto».

Como hemos indicado, y sobre todo durante las primeras sesiones, es muy conveniente que otra persona (sea un familiar, amigo, profesor...) ayude con su voz e indicaciones a relajar al niño o al adolescente. Para ello, ofrecemos un texto orientativo: «Estate tranquilo y a gusto. Siéntete muy bien. Respira apaciblemente. Vas a ir escuchando mi voz y sintiendo las distintas partes del cuerpo, para que puedas soltarlas y te sientas cada vez mejor y más a gusto.

»Concéntrate en los pies y en las piernas. Siente los pies y las piernas. Todos los músculos de los pies y las piernas se van poniendo flojos, muy flojos, completamente flojos y relajados; sueltos, muy sueltos, completamente sueltos; más y más relajados, más y más relajados, muy relajados.

»Asimismo, se van aflojando todos los músculos del estómago y del pecho. Todos los músculos del estómago y del pecho se van sumiendo en un estado de profunda relajación, profunda relajación, profunda relajación. Se relajan más y más, más y más.

»A medida que los músculos del estómago y del pecho se van relajando, también lo van haciendo los de la espalda, los brazos y los hombros. Todos los músculos de la espalda, los brazos y los hombros se van relajando más y más profundamente; siéntelos flojos, muy flojos, relajados; sueltos, muy sueltos, relajados, más y más relajados.

»Ahora lleva tu atención al cuello. Los músculos del cuello se ponen blandos, suaves, sin tensión, sin rigidez; blandos, suaves, sin tensión, sin rigidez.

»Vas a ir sintiendo ahora las distintas partes de la cara para relajarlas. La mandíbula, ligeramente caída, floja y suelta, abandonada; los labios, relajados; las mejillas, blandas; los párpados, profundamente relajados, profundamente relajados; la frente y el entrecejo, sin tensión, sin tensión.

»Todos los músculos del cuerpo se van poniendo más y más flojos, más y más sueltos, relajados, profundamente relajados, profundamente relajados.

»La respiración, pausada y tranquila, y todos los músculos en un estado de relajación y descanso. Te sientes tranquilo y relajado, muy a gusto; tranquilo y relajado, muy a gusto. Cada día te vas a ir relajando mejor y te sentirás más a gusto.»

Se deja un par de minutos de silencio y luego: «Lo has hecho muy bien. Estás muy bien relajado. Ahora respira cinco o seis veces profundamente y ve, poco a poco, moviendo las manos, los brazos, los pies, las piernas, las distintas partes del cuerpo, para que vayas saliendo, poco a poco, de la relajación».

Una vez que el niño ha aprendido a relajar bien el cuerpo en varias sesiones, se le pueden proporcionar algunas técnicas para que aprenda a mantener la mente concentrada y tranquila. Por ejemplo:

• Concentrarse en la respiración como una apacible y placentera ola que viene y parte.
• Sentir el movimiento del vientre al inhalar y al exhalar, cómo sube y cómo baja.
• Recurrir a una visualización de tranquilización:
    a) La bóveda celeste.
    b) Una hermosa y apacible pradera.
    c) Un relajante lago de aguas cristalinas.

La práctica de la concentración

Para efectuar los ejercicios de concentración, puedes sentarte tranquilamente en una silla o sobre un cojín en el suelo, con la espina dorsal y la cabeza erguidas. Trata de que no te distraigan. La concentración consiste en que debes fijar la mente en lo que se te pida, excluyendo cualquier distracción. Es normal que te distraigas, y todos nos distraemos, porque la mente es muy indócil, y por eso hacemos esta gimnasia con ella, para hacerla más obediente y más fuerte. Cuando te distraigas y te des cuenta de que así ha sido, lo único que tienes que hacer, una y otra vez, es llevar la mente al ejercicio. Pon mucho interés, pero permanece tranquilo y relajado.

Al principio, estos ejercicios no son fáciles, pero poco a poco irás reeducando la mente y aprendiendo a concentrarte muy bien con ella, lo que luego te será muy útil en los estudios, en los juegos y en todas las ocasiones de tu vida.

La sesión de concentración puede durar de 10 a 15 minutos. Se puede hacer cada ejercicio 5 minutos o más. Puedes elegir un par de ejercicios o tres y practicar durante un cuarto de hora, por ejemplo. No es necesario hacer todos los ejercicios. Ya irás encontrando los que más te ayuden. Con todos ellos conseguirás:

• Aumentar la capacidad de concentración.
• Alertar la atención.
• Contener la mente en el presente, evitando las divagaciones de pasado o futuro.
• Subyugar la mente indócil.
• Favorecer no solo la mente, sino también el cuerpo.
• Intensificar y facilitar el control sobre las emociones.
• Cultivar una atención más vigilante para los estudios.
• Aprender a estar atento, pero no tenso.

A continuación, explicamos algunos ejercicios importantes de concentración. Es a partir de los 10 años, aproximadamente, que el niño puede empezar a ejecutar estos ejercicios, aunque varía la edad dependiendo del carácter de cada uno.

Concentración en una figura geométrica

Se elige una figura geométrica (puede ser un cuadrado, un rectángulo, un círculo o cualquier otra) y se concentra uno en ella con la mayor fidelidad posible, tratando de llevar la atención una y otra vez a la figura seleccionada cuando se extravía. Es importante mantener la figura seleccionada y no estar cambiándola durante la sesión.

Este ejercicio también se puede hacer observando la figura seleccionada representada en una cartulina y, después, cerrando los ojos y tratando mentalmente de representarla.

Concentración en colores

Se selecciona cualquier color o incluso, para facilitar el ejercicio, el que nos guste más. Elegido el color, trata uno de representárselo mentalmente, evitando distraerse. No es fácil, pero con que uno lo intente, ya es suficiente, y el ejercicio desencadena sus beneficios.

También se puede ver un par de minutos o tres una cartulina de ese color y luego cerrar los ojos y visualizar el color seleccionado.

Concentración en una figura geométrica sobre un fondo de color

Se elige una figura geométrica y un color. Se trata de concentrarnos en la figura geométrica elegida, imaginándola sobre un fondo del color seleccionado. Por ejemplo, un círculo sobre un fondo de color negro o un cuadrado sobre un fondo de color azul.

Concentración en un fondo negro

Este ejercicio se ha denominado también la noche mental, porque se trata de ir oscureciendo el campo visual interno. Para facilitar este ejercicio, se puede uno concentrar en una pizarra negra, un velo negro o cualquier objeto que inspire esa noche mental. Es como si uno estuviera pintando de negro el campo visual interno, para que la mente quede plácidamente sumergida en la oscuridad, lo que descansa, contiene los pensamientos y fortalece la consciencia.

Concentración en el entrecejo

Como la concentración, consiste en fijar la mente en algo con absoluta exclusión de cualquier otro pensamiento o idea, todo es susceptible de utilizarse como un objeto o soporte para la concentración, incluso el entrecejo. El ejercicio consiste en fijar la mente en el propio entrecejo, manteniéndola ahí bien atada y fija, evitando que se vaya, si se va, hemos de agarrarla y llevarla al entrecejo en cuanto nos demos cuenta de ello.

Concentración en una zona del cuerpo

Elige una parte de tu cuerpo; la que quieras. Puede ser una mano, una zona de la cara o de la espalda, una pierna... Se trata de fijar la mente en esa zona y evitar que se distraiga. Si aparece en esa zona una sensación, nos concentramos en ella. Hay un ejercicio excelente de este tipo, que consiste en concentrar la mente en las palmas de las manos y simplemente, sin pensar ni interpretar, ir sintiendo lo que se presenta en las palmas de las manos, que puede ser cosquilleo, hormigueo, calor o humedad, lo que fuere. Cada vez que la mente se va y uno se da cuenta de ello, se la coge y se la conduce a las palmas de las manos o a la zona que se haya seleccionado para concentrar la mente.

Concentración en un punto

Dibuja un punto negro, bien visible, sobre una cartulina blanca. Coloca la cartulina ante tus ojos y concéntrate muy fijamente en el punto negro, evitando distracciones. Después de unos minutos, cierra los párpados y represéntate mentalmente el punto negro. También nos podemos concentrar en una chincheta de acero o en la llama de una vela.

Concentración en la respiración, contando la inhalaciones y las exhalaciones

Respira con naturalidad. No es un ejercicio respiratorio. Si lo haces por la boca, mucho mejor. Retira la mente de todo y concéntrate en la respiración, en la entrada y salida de aire. Al tomar el aire, mentalmente cuenta uno, y al exhalarlo, dos; al volverlo a tomar, tres y al exhalarlo, cuatro, y así sucesivamente vas contando las inhalaciones y las exhalaciones de uno a diez, y al llegar a diez comienzas la cuenta por uno, evitando distraerte.

Concentración en la respiración, contando las exhalaciones

Muy concentrado en la respiración, tomas el aire con mucha atención y, al soltarlo, mentalmente, cuentas uno. Lo tomas de nuevo y, al soltarlo, cuenta dos, y así sucesivamente vas contando solo las exhalaciones hasta diez, y al llegar a diez comienzas la cuenta de nuevo desde uno.

Concentración en la sensación de la respiración

Dirige la atención mental a la entrada de los orificios nasales, o sea, de las aletas de la nariz. Fija en esa zona la mente. Respira con toda naturalidad. Al entrar y salir, el aire produce un roce o choque con las aletas de la nariz y en alguna parte de la nariz irás descubriendo una sensación, que es el roce del aire. Tienes que retirar la mente de todo y estar solo pendiente de esa sensación, muy atento, sintiéndola. Pero si, al principio, no logras sentir la sensación del aire, no importa. En ese caso, estás atento a la entrada y la salida del aire.

Concentración en el punto de encuentro entre la inhalación y la exhalación, y viceversa

Aparta la mente de todo y concéntrate en la respiración. Sigue el curso de la inhalación y de la exhalación, es decir, estate muy atento a la entrada y la salida del aire, sin pensamientos. Sigue el aire entrando en ti y saliendo de ti. Pero, además, trata de estar todavía más atento, si cabe, a ese rápido instante en el que la inhalación se funde con la exhalación y la exhalación con la inhalación. O sea, estás atento al curso de la respiración, pero pones mucha atención para tratar de sentir o darte cuenta de ese momento en el que la inhalación se une a la exhalación y la exhalación a la inhalación.

La observación de los pensamientos

En este ejercicio, vas a tratar de mirar todo aquello que pase por tu mente, como cuando vamos a un cine y vemos la película pasando por la pantalla. Permanece muy atento a todo lo que vaya cruzando por tu espacio mental: pensamientos, ideas, recuerdos, ensoñaciones, imágenes o lo que sea. No hagas otra cosa que observarlo. Simplemente, lo observas, sin tomarlo ni rechazarlo. No te dejes coger por los pensamientos, que no te arrastren. Tú eres el observador, muy tranquilo, pero atento, de todo lo que va surgiendo en tu mente y pasando por ella.

La persona que requiera más información sobre concentración, meditación y, en suma, yoga mental, puede consultar mi obra *La meditación* publicada en Tikal ediciones.

CONCLUSIÓN

Un ser humano es cuerpo y mente. Nadie puede negar ya las conexiones entre uno y otro, y el yoga fue el precursor indiscutible de la ciencia psicosomática, porque 5.000 o 6.000 años antes de que esta se formulase y se desarrollase en Occidente, ya los yoguis descubrieron, por su propia experiencia, que hay una estrichísima unión y correspondencia entre lo somático y lo psíquico. Nadie podría, con certeza absoluta, determinar dónde acaba lo somático y comienza lo psíquico o dónde acaba lo psíquico y comienza lo somático. De hecho, cuerpo y mente son los dos componentes interrelacionados que conforman un ser humano. Las alteraciones mentales se reflejan en el cuerpo; las perturbaciones orgánicas repercuten en la mente. En tal caso, favoreciendo el cuerpo, beneficiamos la mente, como favoreciendo la mente beneficiamos el cuerpo. Pero aún más: podemos trabajar a favor del cuerpo para perfeccionar la mente y a favor de la mente para perfeccionar el cuerpo. El yoga es una ciencia integral de la salud, con innumerables técnicas para favorecer cuerpo y mente y armonizar sus conexiones. La salud no es solo ausencia de enfermedad, sino un verdadero bienestar físico, mental y social.

Si bien el yoga es beneficioso para cualquier persona y es una necesidad específica, sobre todo en sociedades tensas, competitivas y crueles, para nadie puede resultar tan benéfico y oportuno como para el niño, porque va a colaborar en su crecimiento, su mejoramiento psicofísico, la armonización de las conexiones del cuerpo y de la mente. El yoga va a enseñarle al niño a relacionarse con sus componentes cuerpo-mente y a equilibrarlos y servirse sabiamente de ellos. A través de la práctica del yoga, el niño o el adolescente va a comenzar a conocerse directa y experimentalmente, obteniendo un saludable dominio sobre su entidad psicosomática, lo que le va a ser de enorme ayuda a lo largo de toda su vida, y siempre va a agradecer que sus mayores le dieran la oportunidad de practicar el yoga desde temprana edad. Por fortuna, son precisamente, como es lógico, los padres que ellos mismos practican yoga los que se dan cuenta de lo beneficioso de este milenario método y están en la mejor disposición para que sus hijos se animen a practicarlo. Bien es cierto que el niño, a veces, no dispone del tiempo suficiente, pero siempre puede practicar el yoga, aunque sea el sábado o el domingo, en sesiones de media hora y acompañado por alguno de sus padres o por ambos. Los primeros días de práctica, por supuesto, son los más desagradecidos, pero enseguida el niño, con su buena capacidad para la adaptación, se familiarizará con una práctica que hay que exponerle como amena, reconfortante y beneficiosa.

Al estar el niño en un proceso de desarrollo físico y mental-emocional, una técnica de autodesarrollo integral como es el yoga le resultará de lo más conveniente. Asimismo, le enseñará a estar atento, y esa atención bien establecida mediante la práctica regular del yoga le será de indudable utilidad a lo largo de los años, porque nada puede hacer bien sin atención. Esa atención bien establecida le resultará beneficiosa para los estudios, las relaciones, el trabajo y el ocio, y también cuando vaya sumando años para utilizarla en el autoconocimiento y el mejoramiento humanos. Además, y por encima de todo, el yoga va cultivando una actitud positiva, basada en la atención vigilante, la ecuanimidad o firmeza de la mente, la tolerancia, el respeto y la buena relación con uno mismo y con los demás. El yoga va inspirando esa saludable actitud vital en el niño, que irá espontáneamente brotando en él y colaborará tanto en su vida afectiva, como emocional y de relación. Los niños tienen más frescura mental que los adultos, más ánimo y capacidad de renovación, más entusiasmo y más energía. A menudo, tienen más perspicacia que los adultos, y deberíamos con frecuencia no solo estar empeñados en enseñarles, sino también dejarnos enseñar por ellos. No me resisto a relatar la siguiente historia como punto final para esta obra que debe ser un manual muy útil para el comienzo sin final de la práctica del yoga.

Por los pueblos de la India, y para ganarse unas monedas, viajaban dos acróbatas: una niña pequeña y un hombre. Hacían un número circense que consistía en que el hombre se colocaba una pértiga muy larga sobre los hombros y la niña, con fenomenal destreza, subía hasta el extremo superior del palo. Un día, el hombre le dijo a la niña:

–Niña, para que no tengamos ningún accidente al hacer este arriesgado número, cuando lo ejecutemos tú debes estar muy atenta a mí y yo muy atento a ti. ¿De acuerdo?

Pero la niña no estaba conforme, y replicó:

–No es así como debemos proceder. Lo que debemos hacer para no tener nunca ningún accidente es lo siguiente: cuando hagamos el arriesgado número, tú estarás muy atento a ti y yo muy atenta a mí. Así, nunca tendremos un accidente. ¿De acuerdo?

Apéndice

Dependiendo de la edad del niño, será necesario servirse de uno u otro lenguaje y hacer la clase más o menos dinámica e imaginativa. La mayor dificultad en la enseñanza a niños es cuando estos tienen una edad inferior a 5 años, pero también depende mucho de la naturaleza del niño y del interés que ponga. El profesor, no obstante, tiene que tratar de utilizar todas las estrategias que se le ocurran para motivar al niño y avivar su atención e interés. La labor muchas veces no es fácil. Hay que evitar, en cualquier caso, que se aburra y, desde luego, buscar los elementos necesarios para mantenerle interesado en la práctica. Por eso es especialmente importante el lenguaje que utilice el profesor, que debe estar al alcance siempre del niño, y el modo en ganarse al joven practicante y hacerle participar con atención e interés en la práctica. En este sentido el profesor tiene que ser distendido, cordial y capaz de atraer la atención infantil.

Para niños menores de 5 años, puede ser muy eficaz, para incitarles a ejecutar las posturas, hacerles participar de una aventura o cuento que el profesor puede ir narrando en la medida en que se va desarrollando la práctica. La inventiva imaginativa del profesor será muy útil y se pueden narrar al niño distintas historias en las que él se sienta como principal protagonista y vaya imitando y ejecutando las posiciones de aquello que incluimos en la historia. Si por ejemplo el profesor quiere invitar al niño a que ejecute la postura del puente o de la montaña, en su narración incluirá un puente y una montaña, y le dirá que van a imitarlos y, ejecutando la postura, el pequeño le imitará. Hay que aprovechar la tendencia mimética del niño y utilizar con él el adecuado lenguaje verbal y el gestual.

Una narración muy socorrida para niños de menos de 5 años (pues los de más edad ya pueden practicar las posturas sin necesidad de que se les relate un cuento o historia) es la de hacer un viaje por la selva. Se le indica al niño que se sienta como protagonista de ese viaje. En un lenguaje sencillo, el profesor comienza a narrar la historia. Por ejemplo, él y el niño empiezan a adentrarse en la selva. Ven una cobra y el profesor hace la postura de la cobra diciéndole al niño que también la haga; o ven un saltamontes, y realizan dicha postura. Divisan un camello, y hacen la postura del camello. Idean construir un columpio, y efectúan la posición del columpio. Cuando en un prado ven a una vaca pastando, realizan la postura de la cabeza de vaca, y para imitar a los árboles que van contemplando, llevan a cabo la postura del árbol. De repente cruza un avión por el cielo, y lo imitan haciendo la postura del avión, y al ver una alondra, harán la de la alondra, en tanto que al escuchar el trino de un ave, efectuarán la del ave, o por la noche, tras encender una vela para iluminar la cena, permanecerán unos minutos en la postura de la vela, o al contemplar la luna en el firmamento, ejecutarán la de la luna.

El profesor puede concebir sus propias historias para atrapar el interés del niño y que este pueda ir realizando las *asanas* con agrado y sentido lúdico. Tambien le puede enseñar, adecuando de nuevo el lenguaje a la edad del niño, a hacer ejercicios básicos de respiración, como la abdominal, la intercostal y la clavicular, mostrándole primero cómo lo hace él y haciéndole ver cómo la zona se dilata al inspirar.

Con respecto a la relajación también hay que adaptar el lenguaje.

El niño nunca debe sentir que se le impone la práctica y hemos de evitar que el lenguaje pueda resultar coercitivo.

En cuanto a niños de más edad, bastará con que el profesor, siempre de buen humor y empleando formas afectuosas, vaya mostrando a estos jóvenes practicantes cómo hacer la postura e invitarles a imitarle, haciéndola él, por supuesto, previamente. Se pueden ir alternando las posturas y dándole a la práctica un ritmo que mantenga al niño atento y divertido, apoyándole con afirmaciones tales como "muy bien", "lo haces de maravilla", "ya lo haces mejor que yo", "¡cómo avanzas!", o similares. El profesor debe saber aplicar cierta disciplina, pero el niño no debe sentirla como coactiva o provocativa. La psicología del profesor es muy importante en tal dirección. Tambien puede, sin duda, ayudar al niño a hacer la postura y corregirle cuando sea necesario, pero siempre evitando reprenderle. Hay, empero, niños muy inquietos y nerviosos, con los que hay que tener una buena dosis de paciencia y aprender a desenvolverse del modo más idóneo con ellos. Es aconsejable cambiar a menudo los programas, para que el niño renueve su capacidad de asombro. El mayor obstáculo puede ser que el pequeño se aburra. Es labor del profesor poder fidelizar al niño a la práctica y conseguir que se la tome en serio y a la vez no experimente tedio. No obstante, un número de niños no terminarán por adaptarse a la práctica y hay que evitar imponérsela y dejarles en libertad de abandonarla. Cuando mis alumnas me preguntan si deben imponer a sus hijos que vengan a las clases de yoga, siempre les digo que esa es la mejor manera de conseguir que nunca asuman el yoga con agrado.

Una sesión de yoga para niños puede durar de media hora a una hora y la planificación de los programas admite muchas combinaciones. La sesión puede comenzar con la práctica de algunos ejercicios dinámicos, del tipo de los de gimnasia, o con el saludo al sol, ejecutando este media docena de ciclos. Después vendrá la realización de las *asanas*, unos minutos de ejercicios respiratorios básicos y la relajación profunda durante los últimos minutos de la clase.

A través de la práctica asidua, el niño irá aprendiendo a familiarizarse con su cuerpo y a mejorar la coordinación psicomotora; obtendrá más dominio sobre sí mismo, aumentará su capacidad respiratoria y mejorará la elasticidad de sus músculos y articulaciones, tranquilizará su sistema nervioso y equilibrará su carácter. El yoga, que además no es ni competitivo ni estresante, le ayudará a explorarse experiencialmente y a conocerse, a saber regular mejor su unidad psicosomática, a calmar su mente y concentrarla. Se convertirá en un aliado de por vida. Por eso cabe esperar que, como ya ha empezado a suceder, cada día el yoga se vaya introduciendo más en colegios e institutos.

La madre o el padre, o ambos, pueden ser los primeros mentores de yoga de sus hijos si ellos mismos lo practican. En la medida en que los niños les vean practicar yoga en casa, por inclinación mimetista, tratarán de imitarles y convertirán la práctica en un "juego" sumamente beneficioso y provechoso.

Índice

concentración en colores, 158

concentración en el entrecejo, 159

concentración en el punto de encuentro entre inhalación y exhalación, 162

concentración en la respiración, contando las exhalaciones, 161

—, contando las inhalaciones y las exhalaciones, 161

concentración en la sensación de la respiración, 161-162

concentración en un fondo negro, 159

concentración en un punto, 160

concentración en una figura geométrica, 157-158

—, sobre un fondo de color, 158-159

concentración en una zona del cuerpo, 160

media postura de la cobra, 92-93

media postura de Matyendra, 132-133

media postura del arco, 102-103

media postura del saltamontes, 70-71

observación de los pensamientos, 163

postura de cuclillas, 142-143
postura de extensión sobre la pierna, 77-78, 136
—, variante, 114-115
postura de la alondra, 139-140
postura de la armonía, 121-122
postura de la cabeza de vaca, 105-106
postura de la cobra, 60-61, 100, 131
postura de la doble V, 136-137
postura de la extensión lateral, 106-107
postura de la inversión, 73-74
postura de la luna, 88-89
postura de la media luna, 63-64
postura de la media rueda, 89-90
postura de la nave, 123-124
postura de la pinza, 59-60, 96, 130
—, variante, 85-86
postura de la torsión, 71-72, 142
postura de la vela, 81-83
postura de masaje renal, 68-70, 136
postura de Natashira, 79-80
postura del ángulo recto, 62
postura del árbol, 125-126
postura del arco, 95-96
postura del ave, 144-145
—, invertida, 97-98

postura del avión, 138-139

postura del caimán, 115-116

postura del camello, 86-87

postura del cocodrilo, 118-119

postura del columpio, 103-104

postura del desbloqueamiento, 117-118

postura del diamante, 76-77

—, en extensión, 113-114

postura del giro, 107-108

postura del héroe, 84-85

postura del masaje abdominal, 130-131

postura del poste, 146-147

postura del saltamontes, 100-101

postura del triángulo, 124-125

—, invertido, 64-65

postura del tronco invertido, 145-146

postura intercostal, 109

postura lateral, 93-94

postura perfecta, 129-130

postura sobre el costado, 80-81

postura sobre la pierna, 67-68, 99-100

—, flexionada, 110-111

postura sobre los glúteos, 122-123

postura sobre los pies y las manos, 143-144

relajación, 149-155

respiraciones abdominales, 66

respiraciones alternadas, 140-141, 147
respiraciones claviculares, 83
respiraciones completas, 90-91, 104
—, con tres segundos de retención, 98
respiraciones cuadradas, 119-120
respiraciones medias o intercostales, 74-75
respiraciones rítmicas con cuatro segundos de retención, 111
respiraciones tonificantes, 127
respiraciones tranquilizantes, 133-134

saludo al Sol, 47-55

editorial Kairós

Puede recibir información sobre nuestros
libros y colecciones o hacer comentarios
acerca de nuestras temáticas en:

www.editorialkairos.com

Numancia, 117-121 • 08029 Barcelona • España
tel +34 934 949 490 • info@editorialkairos.com